D1692312

Harald Knauss

Schule der Hellsinne
Band 2

Die Schulung sensitiver, medialer und heilerischer Kräfte im Zirkel

ehlers verlag gmbh
Wolfratshausen

Harald Knauss
Schule der Hellsinne
Band 2
Die Schulung sensitiver, medialer und heilerischer Kräfte im Zirkel

© 2006 ehlers verlag gmbh, 1. Auflage 2006
   Geltinger Str.14e, 82515 Wolfratshausen
Layout und Satz: Andrea Ehlers
Druck: Druckhaus Köthen, Friedrichstr.11-12, 06351 Köthen

ISBN: 3-934196-61-6

INHALT

Seite

Geleitwort zur Zirkelarbeit — 5

Vorwort — 7

Quelle der Kraft und der Inspiration — 13

Teil I: Geschichte und Bedeutung des Zirkels — 21

1. Der Zirkel zwischen Gestern und Heute — 23
1.1 Die alte Zirkeltradition — 23
1.2 Die moderne, zeitgemäße Zirkelarbeit — 33
1.3 Sinn und Nutzen der Zirkelarbeit — 37

2. Gedanken zur Zirkelarbeit — 55

Teil II: Philosophie des Zirkels — 61

1. Der Kreis als Symbol — 63
1.1 Der Kreis in der Magie und Alchemie — 69

2. Die drei großen Kräfte des Zirkels — 71
2.1 Das Wesen der Zeit — 75
2.1.1 Das Nacheinander – Die lineare Zeit — 83
2.1.2 Das Gleichzeitige – Die zirkuläre Zeit — 89
2.1.3 Der lebendige Wandel – Die zyklische Zeit — 95
2.1.4 Die Beziehung zwischen Zeit und Zirkel — 101

2.2 Die Wesenheit des Raumes — 105
2.2.1 Der geometrische Raum — 109
2.2.2 Der dynamische Raum — 111
2.2.3 Der Über-Raum — 113
2.2.4 Raum und Zirkelarbeit — 121

2.3 Die Wesenheit des Menschen — 127

INHALT

Seite

Teil III: Praxis des Zirkels — 133

1. Die verschiedenen Zirkelarten — 134
1.1 Offener Zirkel — 135
1.1.1 Der Meditations-Kreis — 135
1.1.2 Der Gebets-Kreis — 135
1.1.3 Der Übungs-Kreis — 135

1.2 Geschlossener Zirkel — 136
1.2.1 Der Bewusstwerdungs- oder Sensitivitäts-Zirkel — 137
1.2.2 Der Entwicklungs-Zirkel — 138
1.2.3 Der Mediale Zirkel — 140

2. Zirkelgründung — 149
2.1 Wie gründe ich einen Zirkel ? — 149
2.2 Motivation zur Zirkelarbeit — 150
2.3 Harmonie in der Gruppe — 150
2.4 Einstellung der Teilnehmer — 151
2.5 Anzahl der Mitglieder — 152
2.6 Sitzordnung — 153

3. Zeitliche und räumliche Bedingungen — 155

4. Regeln für den Ablauf — 157

5. Aufgabenverteilung im Zirkel — 161

6. Der praktische Ablauf des Zirkels — 163

7. Werkzeuge des Zirkels — 165
7.1 Arbeitsmaterialien — 165
7.2 Zirkel-Tagebuch — 165
7.3 Besondere Anlässe — 165
7.4 Feedback-Böden in der Zirkelarbeit — 165
7.4.1 Feedback-Böden für sensitive Übungen — 165
7.4.2 Feedback-Böden für Fernheilung — 166

Bibliografie — 169

Bildnachweis — 171

Geleitwort zur Zirkelarbeit

„Das Thema ist die Vereinsamung des geistigen Menschen in unserer Zeit und die Not, sein persönliches Leben und Tun einem überpersönlichen Ganzen, einer Idee und einer Gemeinschaft einzuordnen. Das Thema der Morgenlandfahrt ist: Sehnsucht nach Dienen, Suchen nach Gemeinschaft, Befreiung vom unfruchtbar einsamen Virtuosentum des Künstlers.

Man kehrt aus dieser zeitlosen Welt der Religionen, Philosophien und Künste in die Probleme des Tages, auch in die praktischen und politischen, nicht geschwächt zurück, sondern gestählt, bewaffnet mit Geduld, mit Humor, mit neuem Willen zum Verstehen, mit neuer Liebe zum Lebenden, seinen Nöten und Irrungen........"

Hermann Hesse über seine Erzählung **„Morgenlandfahrt"**
(aus Begleitbuch zur Gedenkausstellung „Hermann Hesse", 1977,
Deutsche Schillergesellschaft Marbach)

Vorwort

Im Mittelpunkt unserer Schulung der Sensitivität, Medialität und des Heilens steht die Gruppenarbeit. Für viele Interessierte immer wieder Anlass zu Erstaunen, Verwunderung und manchmal auch Sorge. Dabei liegt doch eigentlich nichts näher, als zu lernen mit vielen Menschen zusammenzuarbeiten, bevor wir beratend und heilend tätig werden. Manche haben ein Problem damit, dass bei den Kursen viele Teilnehmer anwesend sind und andere, dass die Grundvoraussetzung für unsere Schulung die kontinuierlich begleitend zu leistende Zirkelarbeit ist.

Viele fragen uns daher nach Möglichkeiten der ganz persönlichen Schulung und Anweisung. Dieses Anliegen verwundert nicht weiter, denn pädagogische Experten betonen immer wieder, dass das Lernen in kleinen Gruppen, bei denen der Lehrer intensiv auf den einzelnen eingehen kann, die besten Voraussetzungen für ein optimales Lernergebnis bietet. Man denke nur an die aktuelle Diskussion über Begabten- und Privatschulen oder Elite-Universitäten zur Ausbildung von Eliteschülern. Für das intellektuelle Lernen mag diese Sichtweise richtig sein, wobei die Förderung der Einzelleistung und der Konkurrenz gerade bei jungen Menschen nicht eben förderlich wirkt auf ihre sozialen Qualitäten.

Sensitivitätsschulung in einer großen LEB®/S Gruppe im Jahr 2005

Vorwort

Leistungswille erzwingt Polarität

Der Gymnasiast lernt für sich selbst, für seinen ganz persönlichen Erfolg und seinen späteren Beruf, so das tradierte Gedankengebäude. Es geht um persönliches Wissen und mehr Wissen bedeutet bekanntlich mehr Macht. Jeder versucht sich auf seine Weise Vorteile zu verschaffen um die Konkurrenz aus dem Feld zu schlagen und sich einen stabilen Platz in der sozialen Hierarchie zu erobern. Ein solches System der Leistung und des Wettbewerbs erzwingt Polarität, denn wo es einen Sieger gibt, muss es zwangsläufig auch einen Verlierer geben. Nichts davon will eine spirituelle und sensitive Schulung, die ja den Menschen zu verstärktem Kontakt mit der geistigen Einheit führen will und daher ganzheitlich – und eben gerade nicht am Individuum – orientiert ist.

Wenn wir von unserer Medial-Schulung in England berichten, gehen die meisten zunächst davon aus, dass wir dort über eine lange Zeit die „mediale Schulbank" gedrückt haben und Privatunterricht, vielleicht sogar eine „Einweihung" bei einem Medium hatten. Diese Vorstellung ist – glücklicherweise – falsch. Als wir zu unserem ersten Kurs in Stansted ankamen, waren dort weit über hundert Menschen für den Kurs versammelt. Die intensiven Übungsgruppen bestanden aus mindestens 30 Personen! Wer einmal eine Psychometrie-Übung in solch einer „großen" Gruppe mitgemacht hat, weiß, was Geduld, Aufmerksamkeit und Konzentration bedeuten.
Erwartet sich jemand von der LEB®/S-Ausbildung also eine persönliche Schulung im kleinen Rahmen, so muss unsere Sensitivitäts- und Medialschulung in dieser Hinsicht wohl enttäuschen. Unsere Schulung ist darauf ausgerichtet über eigenes, selbstbestimmtes Tun zu lernen, besser mit sich und auch mit dem anderen zurechtzukommen. Es geht darum mehr von der Welt wahrzunehmen, offener, toleranter, ja sozialer zu werden und damit im eigentlichen Sinne heiler und heilend zu werden.

Lernen = Überwinden von Schwierigkeiten

Dazu muss man mit möglichst vielen, grundverschiedenen Menschen üben und gerade auch mit Menschen, deren Schwingung einem zunächst vielleicht alles andere als sympathisch ist. Ich bin sicher, jeder hat schon einmal die Erfahrung gemacht, dass man gerade aus Situationen oder im Umgang mit Personen, die man nicht als angenehm empfand oder gar ablehnte, am meisten lernen konnte. Um es mit den Worten meines Lehrers Tom Johanson zu sagen: „Dein schwieriger Nachbar ist dein bester Lehrer!". „Schwierige Nachbarn" aktivieren die „dunklen Punkte" in uns, jene Schattenbereiche, in die das Licht unseres Bewusstseins noch nicht genügend vorgedrungen ist.

Vorwort

Es sind die unentwickelten oder verzerrten Kräfte in uns, die wir noch nicht in unser Sein integrieren konnten. Die Lichtpunkte in uns sind jene Kräfte, die wir uns bewusst erschlossen haben und mit denen wir reibungslos umgehen können. Ein Prozess, der vielleicht über viele Leben vonstatten ging. Die Blockaden und Schattenanteile dagegen sind verursacht von blockierten oder verzerrten Energien. Sie sind aber die Impulsgeber für Fortschritt, Lernen und neue Entwicklungsmöglichkeiten, wenn wir die Schattenanteile für uns erschließen können. Schwierigkeiten und Hindernisse sind die Herausforderung für unser System, vergleichbar den Kinderkrankheiten, die wir alle hatten und die unser Immunsystem, unser „Ich-bin-System", für das Leben stark gemacht haben.

Alte Frau – Junge Frau
(Original von W.E. Hill, 1905)

Licht und Schatten

Nur im Umgang mit den Herausforderungen lernen wir die Bandbreite unserer Licht- und Schattenseiten kennen, was für jegliche spirituelle Schulung bedeutend ist. Die Worte „spirituell, sensitiv, medial und geistheilend" sind schnell ausgesprochen, aber jeder von uns weiß, wie schwierig solche Qualitäten im Alltag immer wieder zu leben sind. Sitzen da viele Menschen mit im Raum, fühlt man sich nervlich schnell überfordert. Den einen ist es zu laut, anderen ist die Schwingung zu intensiv, die Luft zu schlecht, manche dunkle Schwingung von scheinbar schwierigen Nachbarn scheint herüberzuwehen, man fühlt sich als einzelner in der Masse nicht genügend wahrgenommen und vieles mehr.

Es kann nicht erstaunen, dass wir gerade auf Kursen, in denen es um Weitung der Wahrnehmung und um das Bewusstwerden geht, viel mehr wahrnehmen und aus unserem ganz persönlichen Gefühl heraus viel tiefer und auch empfindlicher reagieren. Schneller als sonst führt uns diese Situation an unsere eigenen Lebensthemen, an unsere Schatten, an unsere Grenzen. Wie im ersten Band unseres Lehrwerks „Schule der Hellsinne" ausgeführt orientiert sich die noch unge-

Licht und Schatten

schulte Sensitivität stets am Mangel und tritt damit auch schnell mit unseren Ängsten in Resonanz. Die geschulte Sensitivität hingegen ist an der Fülle und an den Potenzialen orientiert. So sollte unser Augenmerk auf die Fülle, den Reichtum und auf die Möglichkeiten gerichtet sein, die ein großer Kreis von Menschen bietet. Mehr Menschen geben mehr Energie, mehr Farben, mehr Vielfalt, was einerseits eine Herausforderung sein kann, andererseits auch Chance für schnelleres Wachstum und eine größere Vielfalt an Übungspartnern und -möglichkeiten.

Vorteile einer Schulung in großen Gruppen

Jede Art spiritueller Schulung, wie sie auch im Zirkel stattfindet, bringt uns in verstärkten Kontakt und auch Konfrontation mit dem eigenen Ego, dessen Ehrgeiz und Strebsamkeit uns – im positiven Sinne – voranbringen kann. Es ist aber nun mal das Wesen des Egos nur für sich selbst, für den eigenen Nutzen und zum eigenen Ruhm zu arbeiten. Schult sich eine Person also ganz auf sich allein gestellt, so ist die Gefahr groß, dass dieses Ego so an Mächtigkeit zunimmt. Das kann in extremen Fällen zu einer Abkoppelung von der Umwelt führen, ja sogar bis hin zum Verlust jeglicher Realität. Diese Gefahr hatte man in der Spiritualismus-Bewegung schnell erkannt und um dem entgegenzuwirken wurde das Prinzip der Gruppenarbeit an die erste Stelle gesetzt. Durch die Einbindung des Einzelnen in die Gruppe bleibt das Ego innerhalb seiner Grenzen und das spirituelle oder höhere Selbst kann sich tatsächlich entfalten.

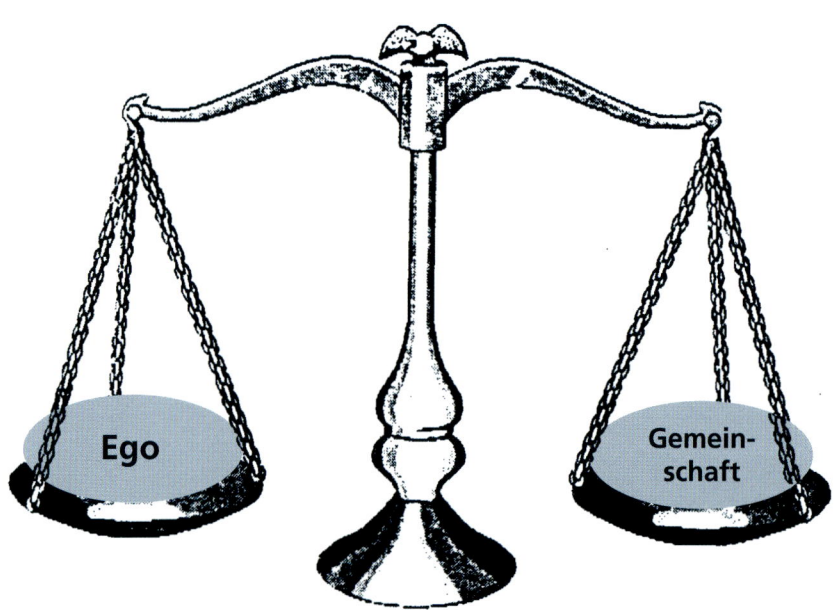

Vorwort

Der Zirkel ist ein Ort, an dem der Balanceakt zwischen Ego oder Einzel-Ich, also das Prinzip der Freiheit, und der Gemeinschaft, der Gebundenheit, möglich wird. Freiheit und Gebundenheit scheinen sich zu widersprechen, ich kann aber aus meiner eigenen Zirkelerfahrung sagen, dass sie sich wunderbar ergänzen, dass sie ineinander übergehen können, ohne sich gegenseitig zu behindern. Freiheit eingebunden in das Ganze, ist die Grundlage aller wirklichen Demokratie, und daher ist Zirkelarbeit in meinen Augen auch eine demokratische Kunst. Wenn wir es im Zirkel schaffen, dass unser Fokus ganz auf die höhere Absicht gerichtet ist, wegen der wir zusammenkommen, nämlich die „Verabredung mit der Geistigen Welt", dann wird es keine Störfelder mehr für uns geben, sondern nur noch Ressourcen und Fülle.

Zentripetale und zentrifugale Kräfte: Negative Gefühle wirken zentripetal (= hineinziehend), positive Gefühle wirken zentrifugal (= ausstrahlend).

Alle negativen Gefühle dagegen binden uns, besitzen eine zentripetale, hineinziehende Eigenschaft, denn sie sollen uns etwas lehren. Die positiven Gefühle sind verwirklichte, befreite Potenziale, sie wirken zentrifugal, also ausstrahlend. Ein Zirkel soll Arbeitsstätte für die Entwicklung unserer Kräfte sein, soll unseren positiven Kräften Raum zur Entfaltung geben, unseren negativen Kräften Raum für Erkenntnis und Belehrung. Der Zirkel soll ein Ort sein, an dem wir uns als Menschen unter Menschen begegnen können, wo wir aber auch in Kontakt mit der Geistigen Welt treten können. Er kann uns Begleitung und Korrektur sein auf unserem Weg

Vorwort

zu uns selbst, der kein exklusiver, also ausschließender Weg ist, sondern im Gegenteil zu einem immer mehr einschließenden wird. So werden wir als Einzelne gemeinsam das Ziel erreichen und feststellen, dass wir alle gemeinsam sind.

Harald Knauss
August 2006

Quelle der Kraft und Inspiration

Eigentlich könnte ich es ganz kurz sagen: Es ist ungeheuerlich, welche Potenziale im Zirkel frei werden, wenn ich auf die letzten 20 Jahre zurückschaue. In meiner Arbeit gibt es nichts, was nicht durch diese Kraft genährt wurde und immer noch wird. Weder meine lange Yogaschulung noch 13 Jahre strenger Zen-Schulung unter einer wirklich guten Meisterin haben so viel schöpferische Kraft, Lebensfähigkeit und Heilsein an Leib und Seele freigesetzt wie die wöchentliche Zirkelarbeit. Mittlerweile gibt es unsere eigene Sensitivitäts- und Medialschulung, basierend auf der alten englischen Tradition, seit 1998, und ich darf und durfte erleben, wie auch andere Menschen aufblühen, Lebensfreude entwickeln, Schöpferkraft freisetzen. Wie immer, wenn mich etwas zutiefst beeindruckt, gehe ich dem nach und versuche die Ur-Sache zu ergründen. Was ist das Geheimnis des Zirkels, des Kreises von Freunden gleichen Sinnes?

Das überzeugendste Beispiel liefert unser abendländisches Weisheitsbuch, die Bibel, in der wir von dem wichtigsten Ereignis einer schlagartigen Bewusstseinserweiterung, auch Erleuchtung genannt, erfahren. Es ist ausgerechnet das Pfingstfest, das kaum jemand in seiner Bedeutung wahrnimmt.

Rosina Sonnenschmidt (links) und die Zen-Meisterin
Kôun-An Dôru Chicô Rôshi (Brigitte D'Ortschy) (1978)

> **Quelle der Kraft und Inspiration**

In der Zeit meiner Zenschulung fand immer auf Pfingsten ein Sesshin[1)] statt, in dem die Meisterin das tat, was man „inspiriertes Reden" nennt, nämlich aus ihrer Erfahrung heraus das Pfingstfest zu würdigen. Das war jedes Jahr das absolute Glanzlicht, denn wir „buddhistisch Angehauchten" hörten etwas von einem außerordentlichen Ereignis, das uns und unser innerstes Ziel direkt und unmittelbar betraf. Jeder einzelne von uns hundert Leuten sehnte sich nach Licht, nach Bewusstwerdung, nach Er-Leuchtung, dem Auflösen aller Getrenntheiten, dem Einssein – wie auch immer wir diesen Vorgang beschreiben wollen. Und was erfuhren wir?

Das Pfingstereignis

Da saßen 12 Apostel in einem Geiste, an einem Ort zu einer Zeit in einer Runde. Durch die Energie dieses Einsseins sprachen diese Menschen in „allen Zungen" und verstanden sich doch gegenseitig. Ein unfassbarer Glücksfall! Zwölf Menschen erlebten Erleuchtung, denn der heilige Geist „kam über sie", was nichts anderes bedeutet, als dass sie von der allgegenwärtigen Schöpferkraft, vom GROSSEN GEIST inspiriert wurden. Für einen Augenblick waren zwölf Menschen vollkommen eins mit der Natur (= Schöpferkraft), wurden vollkommen davon durchströmt und leuchteten deshalb wie zwölf Lichter auf, wie eine Supernova, wie die Geburt der Lichtnatur des SEINS.

[1)] Sesshin = In der zenbuddhistischen Tradition 3-5 Tage intensiver Schulung.

Die 12 Apostel

Quelle der Kraft und Inspiration

Einssein für den Bruchteil einer Sekunde heißt: alle Getrenntheiten, alle Barrieren, alle Grenzen der sichtbaren Welt lösen sich und lassen die Lichtnatur des Seins aufleuchten. Für einen Moment verschwindet das kleine Ego, statt dessen wird das große, unvergängliche, unsterbliche ICH geboren. Für einen Augenblick ist da das EINSSEIN mit allen Geschöpfen der Natur. Unsere Sehnsucht nach der tief in uns geahnten Erfahrung des Einsseins wird Wirklichkeit, real erfahrbar. Das ist wahrhaftig ein Grund zur Freude!

Und was machen wir? Wir haben Pfingstferien, stehen in Autobahnstaus wegen des Kurzurlaubs und lassen den lieben Gott einen guten Mann sein. Schade, dass unsere Amtskirchen seit 2000 Jahren versäumen Pfingsten zum zentralen Ereignis der christlichen Lehre zu machen, denn dann hätten wir etwas über Freiheit, über Befreiung des Geistes erfahren. Freiheit bedeutet: Alles dürfen wir sein, was unserer Eigenfunktion als Mensch entspricht. Statt Befreiung wurde Enge, Beschneidung, Leiden gelehrt und Jesus als Leiche in jede Kirche gehängt, damit wir nur ja nicht auf die Idee kommen, Jesus hätte die Macht besessen, durch seine total einfache Lehre zwölf Menschen den Impuls zur Erleuchtung zu geben.

Die Sprache des Herzens

Aber es gibt ja – der Schöpferkraft sei Dank! – die Möglichkeit die innere Mächtigkeit selbst in sich zu entdecken und im Zirkel dem außerordentlichen Ereignis von Pfingsten nachzueifern. Um nichts anderes geht es an der Wurzel, denn es treffen sich Freunde, die bereit sind, sich vollkommen auf einander einzulassen, zu berühren und sich berühren zu lassen. Mag sein, am Anfang sprechen alle noch verschiedene Sprachen – im engen wie im weiten Sinne. Aber durch den gemeinsamen Wunsch

Der Zirkel ist ein Kreis von Freunden, den das gemeinsame Streben nach der spirituellen Erfahrung des EINSSEINs verbindet.

Die Sprache unter Freunden ist die Sprache des Herzens

sich mit allem, was man ist, einzubringen, das Band der Zu-Neigung zu stärken, gemeinsam spirituelle Erfahrungen machen zu wollen, potenziert sich die Energie.
Die Egomanie wird Stück um Stück abgebaut, weil jeder wichtig ist, jeder so sein darf, wie sie/er ist. Deshalb hält sich niemand für wichtiger als der/die andere und gibt es keine Rechthaberei. Neid und Missgunst, negatives Denken – die Lichtzerstörer, die schweren Schatten unseres Menschseins, haben keinen Zutritt zum Zirkel und keine Kraft, weil unser Ego für eine Stunde auf Urlaub ist. Wir verstehen uns, wir sprechen nach einer Weile die gleiche Herzenssprache, die gleiche Freundessprache, die Sprache des gegenseitigen Ver-Trauens, weil jeder sich selbst traut. Das ist das Geheimnis des Zirkels, aus dem große Kräfte frei werden. Wenigstens einmal pro Woche für eine Stunde tun wir es den zwölf Aposteln nach und sind offen für das EINSSEIN, für die Lichterfahrung, für die Erhellung des Bewusstseins. Diese Zeit bleibt frei vom geistigen Müll, mit dem wir uns täglich zuschütten und gibt Raum für die vornehmste und heiligste Aufgabe des Menschen: sich seiner Lichtnatur inne zu werden. Wie schön, dass wir dies ohne Kasteiung, Askese, Stirnfalten, Fasten und „Mea culpa"-Schuldbewusstsein erleben dürfen! Welch geniale Idee hatten da die ersten Zirkelgründer im 19. Jahrhundert geboren, als sie damit begannen, Spiritualität, Medialität, Heilerkraft im Freundeskreis zu entfalten – getragen und verbunden allein durch das Band der Zu-Neigung! Was für ein Geniestreich des menschlichen Bewusstseins!
Im warmherzigen, geschützten Rahmen dürfen wir unsere Eigenfunktion als Mensch leben, ausleben, zur vollen Blüte entfalten. Es gibt keine Begrenzung des Potenzials, alles darf sein. Was am Anfang noch wie ein Übungszirkel aussieht, entwickelt sich zu einem Kraftfeld, das alles in den Schatten stellt, was wir sonst durch den menschlichen Geist ersinnen.
Lachen und Singen, fröhliches Üben mit Farben, Fühlen, Hören, das Zulassen von Inspirationen aus den körperlosen Dimensionen – alles dies erzeugt den fruchtbaren spirituellen Humus, durch den Lichterfahrung möglich wird. Im Freundeskreis zählt es doppelt und dreifach, wenn einem ein Licht aufgeht, denn alle nehmen Teil daran und freuen sich. Diese Freude fließt wieder in die Mitte und nährt alle. Der Zirkel im spirituellen Sinne ist der beste Beweis dafür, was heute die Lebens-Physik bestätigt: Das Leben gewinnt die Energie aus sich selbst heraus. Wenn der Mensch sich an die „große Steckdose" der Schöpferkraft anschließt, kann er das hautnah erleben.

Das Bewusstsein erschafft die Welt
Um das zu begreifen, müssen wir „nur" den Schritt aus der infantilen Mono-Sicht wagen und nicht dauernd im Himmel einen Mann suchen, der uns bestraft, wenn wir etwas nicht tun, was er sagt. Da draußen ist nichts und niemand. Das Bewusstsein erschafft die Welt. Jeder erschafft sich durch sein Bewusstsein seine Welt. Alles was wir hinaus senden durch Bewusstseinskraft, manifestiert sich und be-

gegnet uns im Leben. Ich sehe das, was ich sehen kann. Es ist also sinnvoll, den eigenen Wahrnehmungskreis zu erweitern, damit ich mehr sehe als 1+1 = 2. Das hat nichts mit Intelligenz, mit dem Intellekt zu tun, sondern mit dem Bewusstsein, das aus der Achtsamkeit für körperliche, emotionale und mentale Bedürfnisse erwächst. Wir nennen es ein spirituelles Bewusstsein. Spiritualität ist die Synthese aus den drei Aspekten, die unsere jetzige Inkarnation ausmachen, sie kann nur im Körper stattfinden, weil es ja bei der Erleuchtung um die Auflösung der Getrenntheiten geht, um die Überwindung der Materie. Was soll überwunden werden, wenn gar kein Bewusst-Sein für den materiellen Körper und seine schöpferischen Energien, die ihn geschaffen haben, vorhanden ist?! Um die Begrenzung aufzulösen, muss ich erst die Begrenzung erkennen, das heißt, die körperliche, emotionale und mentale in meinem Sein. Ich muss lernen, meine Energie in etwas einzugeben, das Wachstum, Fülle, Förderung von Lebensenergie fördert.

An einem Ort, zu einer Zeit, in einem Geist

Im Zirkel vereinen sich mehrere verschiedene, getrennte Wesenheiten zum Aufbau eines starken gemeinsamen Feldes.

Der Zirkel ist ein einfaches und wunderbares (= das Wunder bergende) Feld, um dessen inne zu werden: Wir sind vier, fünf, sechs getrennte Wesenheiten, die zusammen kommen. Ihr Geist vereint sich durch die gegenseitige Hinwendung, durch

Quelle der Kraft und Inspiration

Gautama-Buddha unter dem Baum der Erkenntnis.

die Liebe, durch die Herzensenergie, die die höchst mögliche Nähe ermöglicht. In einem Geiste an einem Ort zu einer Zeit treffen sich die Zirkelfreunde. Das ist kein Grund in Ernst, Askese und Pseudoheiligkeit zu versinken. Der Zirkel ist im Kleinformat das Sinnbild des Lebens, weil jeder mit jedem verbunden ist und daraus ein großes Ganzes wird, das mehr ist als die Summe der Mitglieder. Indem wir „einfach" Woche für Woche, Monat für Monat, Jahr für Jahr im Zirkel sitzen, uns aneinander erfreuen, gerne unsere Liebe einbringen, tun wir es der Natur nach und sind wir der Schöpferkraft hautnah, ja, wir werden zu ihrem Ebenbild.

Manchmal tut sich der imaginäre Vorhang zwischen Diesseits und Jenseits auf und wir ahnen, dass unsere Welt, die wir für die wichtige und reale halten, nur einem Zwei-Eurostück entspricht, während die energetische Welt dem Ozean entspricht. Wir nehmen also mit den physischen Sinnen nur ein Staubkorn von dem wahr, was IST. Es lohnt sich, einmal über die Bedeutung des hebräischen Wortes „Jahwe" – Gott – zu meditieren: Ich BIN, was ich SEIN werde. Das war zu Pfingsten ein Zen-Koan, Jahr für Jahr in meiner Schulung.

Das Pfingstfest nacherleben

„Das Erscheinen des Heiligen Geistes", Gemälde von Titian (1545), Santa Maria della Salute, Venedig.

Wir können jede Woche das Pfingstfest nacherleben. Sicher wird es nicht gleich das Format der zwölf Jünger oder des Buddha oder von Jehoshua (Jesus Christus) haben, aber jede Sekunde, die wir uns bemühen, leben wir schon unsere Lichtnatur. Wie sagte Gautama Buddha unter dem Baum der Erkenntnis: Wie wunderbar, alle Wesen haben Buddhanatur. Buddha bedeutet die Erfahrung des EINSSEINS mit der unsterblichen LICHTNATUR. Es macht nichts, wenn wir als kleine Leuchte anfangen. Wer Licht erfährt, muss es im Alltag tragen lernen. Wer nur über die Fassung für eine 60 Watt-Birne verfügt, kann nicht beim Engel anfangen, weil ein Engellicht ein paar tausend Watt auslöst und den verbrennt, der dieser Lichtintensität nicht gewachsen ist.

Quelle der Kraft und Inspiration

Im Zirkel kümmern wir uns nicht um Channeling irgendwelcher außerordentlicher Energien, die nur das Ego mästen und unfrei machen. Wenn die Zeit und das Bewusstsein reif sind, wird man ganz von alleine des Lichtes inne, das man halten, tragen und nach außen verschenken kann. Ein großes Licht ist Ausdruck und Sinnbild für ein großes Bewusstsein, und die Größe des Bewusstseins zeigt sich im Alltag: wie ich mit Eltern, Partnern, Nachbarn, Mitgeschöpfen, Ahnen umgehe. Der Lichtträger richtet den Mitmenschen auf, zaubert ein Lächeln auf das Antlitz des anderen, nimmt ihm die Angst vor Krankheit und Tod. Kennen wir das nicht von der ethischen Einstellung des Mediums und des Heilers?

Jeden beliebigen Grad der Spiritualität entwickeln wir im Zirkel, im Kreise derer, die in einem Geiste, an einem Ort und zu einer Zeit beisammen sind. Nach dem Aufbau eines stabilen Energiefeldes im Zirkel spüren wir dann, dass wir mehr und mehr die dort gewonnene Energie in unseren Alltag tragen und uns auch dort wie Freunde benehmen, auch dort Heiterkeit, Lebensfreude verbreiten und den Gebeugten daran erinnern, dass auch in ihm ein Licht brennt, das darauf wartet, größer zu werden.

Die Versuchung des Ego

Andere mit seinen halbreifen Erfahrungen zu missionieren, mästet ebenfalls das Ego und richtet keinen Ratsuchenden auf, es macht ihn stattdessen noch kleiner als er/sie sich ohnehin fühlt. Deshalb lernt man in der LEB®/S Medial- und Heilerschulung von Anfang an, den Fokus ausschließlich auf die Potenziale eines Menschen zu richten und sich jeglicher Beurteilung und Diagnose zu enthalten. Das ist schwer, wie wir alle wissen, denn mit Urteil und Diagnose können wir andere beeindrucken und unser Ego aufblasen.

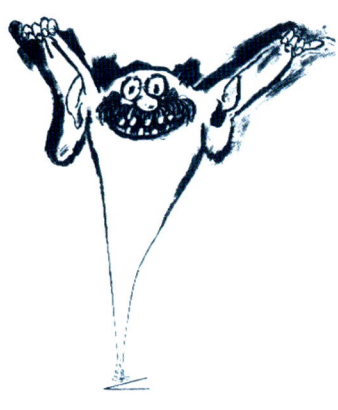

Die Diagnose ist ein ehrenwertes Handwerkszeug des professionell befugten Therapeuten. Esoterisch verbrämte Diagnosen – Löcher in der Aura, schwarzmagische Angriffe, Fremdbesetzung usw. – entspringen einem Ego-Bewusstsein, das sich überdies in seiner arroganten Ignoranz anmaßt, solche Phänomene löschen und aufheben zu können. Da das Universum

Das Ego strebt danach als Einzelnes groß zu sein. Das jedoch behindert eine erfolgreiche Zirkelarbeit.

nichts verliert, stellt sich die Frage, wohin denn alle die schwarzen Löcher, gelöschten Probleme, okkulten Angreifer verschwunden sind? Sie hausen dort, wo sie entstehen, im Bewusstsein des Wahrnehmenden.

Es ist schwer zu begreifen, dass wir all das erschaffen, was wir wahrnehmen. Die negative Welt ist quantitativ sehr stark manifestiert und überall sichtbar. Das Konstruktive, Lebendige, Schöpferische ist jedoch von höchster Qualität und lehrt: Die höhere Schwingung heilt. Im Kreise von Freunden, zu einer Zeit, an einem Ort, in einem Geiste können wir erleben, dass die höhere Schwingung heilt, denn jedem einzelnen geht es so wie dem Ganzen: Erfahren, was Ganzsein, Heilsein ist. Im Zirkel erfahren wir, dass ein Kraftfeld entsteht, das transformieren, verwandeln kann und das ist das Heilende, das Lichtbringende.

Rosina Sonnenschmidt
August 2006

I. Teil

Geschichte und Bedeutung des Zirkels

1. Der Zirkel zwischen Gestern und Heute

1.1 Die alte Zirkeltradition

„Wahrlich, ich sage euch: Was ihr auf Erden binden werdet, soll auch im Himmel gebunden sein, und was ihr auf Erden lösen werdet, soll auch im Himmel los sein. Weiter sage ich euch: Wenn zwei unter euch eins werden auf Erden, worum sie bitten wollen, das soll ihnen widerfahren von meinem Vater im Himmel. Denn wo zwei oder drei versammelt sind in meinem Namen, da bin ich mitten unter ihnen."
(Matthäus Evangelium 18.19.)

Grace Cooke † 1979

Wie die Zirkelarbeit im Laufe der Geschichte des Spiritualismus im Detail entstanden ist, entzieht sich meiner Kenntnis. Es mag sein, dass das Sitzen im Kreis von der Kultur der Indianer übernommen wurde. Das ist durchaus wahrscheinlich, denn im ersten Band der Lehrreihe über die Sensitivität habe ich bereits dargelegt, welch großen Einfluss die indianische Kultur auf die Entwicklung der spiritualistischen Bewegung hatte. Man denke nur an die Geisthelfer indianischer Herkunft, die berühmte Medien beeinflusst haben. So war der große Häuptling „White Eagle" der Helfer und Inspirator von Grace Cooke. „Silver Birch" gab seine Lehren über das Medium Maurice Barbanell durch. Natürlich könnte auch die Tafelrunde König Arthurs Vorbild gewesen sein, das würde ganz zur angelsächsischen Kultur und Tradition passen.

White Eagle

Vielleicht ist die Ursache dafür aber auch ganz banal und hat sich nur „zufällig" im Laufe der Zeit ergeben, sozusagen rein aus der Praxis heraus, weil die Familien abends um den Tisch herum saßen. Bilder aus der Anfangszeit des Spiritualismus zeigen meist auch runde Tische, die sich wohl besser für Phäno-

Silver Birch

Die alte Zirkeltradition

Maurice Barbanell
3. Mai 1902 – 17. Juli 1981

Die Tafelrunde
König Arthurs

„Der sprechende Tisch".
Ein Zirkel für Tischerücken im 19. Jahrhundert.

Ein Zirkel in England Mitte des 20. Jahrhunderts.

mene wie „Tischerücken" oder „Levitationen" eignen als rechteckige.

Ob es also bewusste Überlegungen oder verborgene spirituelle Absichten hinter der Zirkelarbeit, dem Sitzen im Kreis, gab oder gibt, entzieht sich meiner Kenntnis. Meiner eigenen Erfahrung nach ist die Energie in einem Kreis viel ausgeglichener, runder und es stellt sich schneller eine Entspannung ein, die das spirituelle Arbeiten begünstigt. Für ein Konzert, eine Darbietung oder für Unterricht scheint mir die polare Spannung eines rechteckigen Raumes oder einer solchen Form dagegen viel günstiger. Durch sie baut sich mehr aktive Energie auf und die linke Gehirnhemisphäre, also unser rationales Erfassen, wird verstärkt angeregt. Das ist mein subjektiver Eindruck, der mir allerdings von vielen anderen Lehrern bestätigt wurde.

Absicht, Zweck und Arbeitsweise eines Zirkels

Wir wissen zwar kaum etwas über die Entstehungsgeschichte der Zirkelarbeit, doch gibt es ganz konkrete Überlieferungen über Absicht, Zweck und Arbeitsweise eines Zirkels. Betrachten wir historische Lehrbücher über Zirkelarbeit, so geht es da zunächst vor allem um solche Zirkelformationen, die physische Medialität (Kontakt zum Jenseits, der sich mittels Materialisationsphänomenen äußert) zum Ziel haben und daher noch stark spiritistisch geprägt sind. Der Zirkel diente dazu, medial Begabte aufzufinden und diese in ihren Kräften zu fördern. Das bedeutete, dass im Zirkel alle Anwesenden „lediglich" ihre Kräfte dem Medium zur Verfügung stellten, um auf diese Weise dessen Energie so zu erhöhen, dass das Medium einen Kontakt zum Jenseits herstellen konnte. Die Anwesenden schulten dabei keinerlei persönlichen Kräfte oder Begabungen, ihr „Lohn" bestand in eben diesem Kontakt zur Geisteswelt, in Kontakten zu verstorbenen Angehörigen oder in den physischen Manifestationen (Telekinese, Klopflaute etc.). Eine solche Sitzung nannte man „Séance".

Die alte Zirkeltradition

Kontakte zum Jenseits

Die erklärte Absicht des Spiritismus und auch des Spiritualismus war stets zu beweisen, dass der Tod nicht das Ende des Lebens ist, sondern dass es eine Welt oder Dimension gibt, in der alle Seelen weiterleben und dass eine Kommunikation mit diesen Seelen auch von der irdischen Ebene aus jederzeit möglich ist. Große Bedeutung kam also dem Kontakt zum „Jenseits" zu. Dies hat sicherlich auch etwas zu tun mit den in uns verschütteten Wurzeln unseres keltischen und germanischen Glaubens. Im germanischen Glauben war der Ahnenkult stark ausgeprägt und es existierte eine Wiedergeburtslehre, wie sie übrigens auch das frühe Christentum noch besaß.

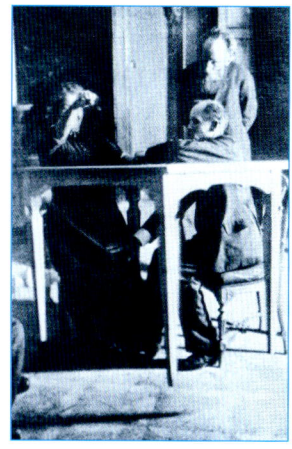

Eusapia Paladino bringt unter wissenschaftlicher Kontrolle einen Tisch zum Schweben.

Solche Kontakte zum Jenseits herzustellen, die Identität eines Kommunikators von dort zu überprüfen und festzustellen, das war die Aufgabe der Medien im Spiritualismus. In der Séance galt natürlich das physische Erscheinen eines Verstorbenen oder zumindest seine „akustische" Anwesenheit als wichtigstes Ziel. Später wurden dann die Daten viel wichtiger, anhand derer die Identität festgestellt werden konnte oder es wurden mediale Portraits von Verstorbenen gefertigt, anhand derer eine Überprüfung möglich wurde.

Der Kontakt zu den Ahnen, zu den Verstorbenen, die Vorstellung, dass diese noch immer Interesse an unserem Wohlergehen hier auf Erden haben und ihnen als körperlose Wesen ein viel weiteres Wissen zur Verfügung steht, wurden als die Gründe dafür genannt, weshalb am besten jede Familie einen Zirkel gründen sollte. Hans Arnold beschreibt solche Gründe in seinem Buch von 1892 „Wie errichtet und leitet man spiritistische Zirkel". Arnold hat seine Informationen über die Zirkelarbeit aus England bezogen, sie waren also noch älteren Datums, weshalb bei ihm die Begriffe „spiritualistisch" und „spiritis-

Das Malmedium Coral Polge fertigte ein Portrait ihres Geisthelfers, der ihr und anderen völlig unbekannt war.
Nach einiger Zeit des Suchens fand sie in Frankreich ein zeitgenössisches Portrait von ihm. Es war der Miniaturmaler Maurice de la Tour (18. Jahrhundert).

tisch" noch willkürlich vermengt sind, beide aber im damaligen Sinne dasselbe meinen. Der Spiritismus blieb auf der Stufe der physischen Medialität („Das Herbeirufen Verstorbener" oder „Vertreiben böser Geister") stehen. Jene Strömung, welche die Medialität in Philosophie und Anwendung verbreitete und weiterentwickelte und Medialität auf eine mentale Ebene holte, wurde später als Spiritualismus bezeichnet. Diese Information ist wichtig, um die Begrifflichkeit von Arnold zu verstehen. Er schreibt über die Aufgabe des Zirkels als Kontaktstelle zum Jenseits:

„In der Familie bildet man Zirkel, um mit dahingeschiedenen Verwandten, teuren Freunden in Kommunikation zu treten, die durch den Tod zerrissenen Bande des persönlichen Verkehrs mit ihnen wieder aufzunehmen, um Trost, Ruhe und die beseligende Gewissheit einstmaligen Wiedersehens und Fortlebens nach dem Tode zu erhalten."
(Aus: „Wie errichtet und leitet man spiritistische Zirkel in der Familie"; Hans Arnold, Ernst Fiedler Verlag, Leipzig, 1892 S. 7)

Kontakte zu Personen in großer räumlicher Entfernung

Wenn man mit Personen kommunizieren kann, die nicht mehr auf der irdischen Ebene leben, lag die Schlussfolgerung nahe, dass eine Kommunikation mit Menschen, die sich räumlich in großer Entfernung befinden, aber immerhin noch „lebendig" sind, noch um vieles leichter sein müsste. Viele der älteren Medien in England haben mir denn auch berichtet, dass während der Weltkriege ein Hauptteil ihrer Klienten aus Menschen bestand, die einen Angehörigen vermissten, über den es keinerlei Nachricht gab.

Das erinnert auch an den alten Brauch, einen Baum bei der Geburt eines Kindes zu pflanzen, aus dessen Gedeihen die Eltern später, wenn das Kind weit entfernt lebte, Auskunft über sein Wohlbefinden erhielten. Eine Art Baumorakel also in jener Zeit, als Nachrichten noch viele Monate unterwegs waren, bis sie eintrafen. Eine solche Aufgabe wurde nun auch dem Zirkel zuteil und Arnold schreibt:

„Ist der Verkehr mit den Geistern der Verstorbenen einmal angebahnt, so erhält man, wenn man sachgemäß vorgeht, eine vorzügliche Handhabe, sich über das Ergehen fern befindlicher Verwandten oder Freunden im laufenden zu halten. Es ist eine den Spiritisten bekannte Tatsache, dass man mit Hilfe der Medien nicht nur einen Verkehr der irdisch Lebenden mit den Verstorbenen anbahnen kann, sondern auch einen Verkehr der Erdenbewohner untereinander, anstelle brieflicher oder telegraphischer Nachrichten. Es ist eine Art geistiger Telepathie..." (ebd., S. 7)

Die alte Zirkeltradition

Zirkel zu Heilungszwecken
In unserer modernen Welt, die hinsichtlich der medizinischen Versorgung gut organisiert ist und Entfernungen kaum mehr eine Rolle spielen, ist eine weitere, damals sehr wichtige Aufgabe des Familien-Zirkels nicht mehr ganz so naheliegend. Es handelt sich um die Möglichkeit des Heilens.

> „Zu den nebensächlichen Zwecken der Zirkelbildung ist auch zu rechnen: die Heilung von Kranken, sofern die Astralgeister einen viel tieferen Blick in das Getriebe unseres Organismus tun können und die Krankheitsursachen entdecken." (ebd., S. 8)

Förderung und Verbreitung von Spiritualität
Und zu guter Letzt hat der Zirkel natürlich eine spirituelle, religiöse Dimension, dient der Schulung aber auch der Verbreitung des spiritualistischen Gedankengutes.

> „Die Bildung spiritistischer Familienzirkel hat auch den guten Zweck, die einzelnen Teilnehmer ihrer etwaigen materialistischen Gesinnung zu berauben und anstelle derselben ihnen die tröstliche Zuversicht eines nachirdischen geistigen Lebens zu geben, sie zu überzeugen, dass das Heil des Menschen nicht im materiellen Genuss zu suchen ist, dass es noch ein erhabeneres, schöneres seelisches Leben gibt."

> „Es ist klar, dass spiritistische Zirkel in der Familie sehr dazu angetan sind, dem Spiritismus an und für sich zum Siege zu verhelfen über den Materialismus. Und in der Tat sind die größten Kämpen für die gerechte Sache des Spiritismus in Familienzirkeln von der Echtheit der Mediumität und damit des Spiritismus überzeugt worden." (ebd., S.11-12)

Wurzeln des Spiritualismus
Spiritualismus und Spiritismus gab es schon immer, denn es handelt sich hier um eine Vorstellung vom Leben und vom Kosmos, wie man sie aus vielen Glaubens- und Religionsformen bis heute kennt. Für den Spiritualismus gab es sicherlich zwei große Wurzeln, aus denen er als Glaubensform sein Wachstum bezog.

Im 19. Jahrhundert, bedingt durch die Epoche der Romantik und auch durch den Kontakt mit östlichen Ländern wie Indien oder China, begann eine Rückbesinnung auf alte Traditionen, alte Kulturen. Die Gebrüder Grimm hatten die Welt zu den germanischen Wurzeln wiedereröffnet, in England wurden keltische Traditionen wiederbelebt, alte Schriften Indiens und Chinas wurden übersetzt und

Die alte Zirkeltradition

Seherin Kassandra

im christlichen Glauben begannen viele sich wieder ganz stark für das Urchristentum zu erwärmen. Die Wurzeln unserer eigenen frühen europäischen Kulturen gründeten im Matriarchat und Seherinnen oder Heilerinnen nahmen eine herausragende, zentrale Stellung im Leben ein. Auch im Spiritualismus sind es vor allem gerade Frauen, die als Medien ganz wichtige Impulse für diese Bewegung setzen. Es war sicherlich kein Zufall, dass die Bewegung des Spiritualismus in England Hand in Hand ging mit sozialen Bestrebungen, die vor allem auch die Rechte der Frauen stärken sollten.

Seherin Pythia

Spiritualistische Sicht ermöglicht erweitertes Bibelverständnis

Der christliche Hintergrund blieb aber stets der bestimmende, denn in der Bibel fand der Spiritualismus viele Bestätigungen des eigenen Tuns, ja viele Berichte der Bibel erhalten erst aus spiritualistischer Sicht einen wirklichen Sinn. Eine Auffassung, der man sich kaum verschließen kann. Für die Spiritualisten ist Jesus einer der größten Medien und Heiler, den die Menschheit je hervorgebracht hatte. Der Kreis seiner zwölf Apostel sei identisch mit einem Zirkel und auch sein Erscheinen nach seinem Tod, sei „nichts anderes" als die Beschreibung einer Zirkelséance gewesen, ganz abgesehen von seiner Art mit den Händen zu heilen.

Seher Nostradamus

Die Beschreibung des Jenseits aus christlicher Sicht, wie sie Swedenborg ebenfalls vertreten hat, bestärkt zudem die Vorstellung von einer Arbeit innerhalb einer Gemeinschaft.

„Der natürliche Wunsch nach Sympathie und Freundschaft, wie wir ihn auch auf Erden hegen, ist im Jenseits zehnfach, und der Grundsatz von einer „gemeinsamen Aktion", gemeinsamen Tuns, ist ein Entdecken reiner Freude für jene, die schon auf Erden jene Haltung einer ak-

tiven, freundlichen Zusammenarbeit für einen intelligenten, sprich höheren Zweck erlangt haben. Das ist die große Quelle der Lebensfreude auf jeder Ebene der Existenz überhaupt."
(aus: Psychic Philosophy, Stanley de Brath, Spiritualist National Union, 1921, S. 231)

Die Bedeutung von Gruppen im Christentum

De Brath führt weiter aus, dass im Jenseits alle in Gruppen „organisiert" sind und jeder Verstorbene fühlt sich automatisch zu jener Gruppe hingezogen, die seiner eigenen Schwingung entspricht, wie es in der Bibel heißt: „Gegenseitig werden sie sich wiedererkennen". Dieser Gedanke, dass auf höherer Ebene alles über Gruppen bewegt wird, findet sich auch in der Theosophie, die für Tiere, Mineralien und Pflanzen Gruppenseelen konstatiert, die die Entwicklung auf Erden in den jeweiligen Naturreichen leiten. Aber auch jeder Mensch hat Bezug zu einer der kosmischen Gruppen, einer „Gruppe auf den inneren Ebenen", zu der er eine Affinität hat und seine Lebensaufgabe oder Mission in direkter Verbindung steht. Geleitet werden solche Gruppen von fortgeschrittenen Schülern oder auch Meistern. Die Apostel erfüllten auf Erden eine ganz ähnliche Aufgabe, denn auch sie sollten Gruppen in den Ländern gründen, damit die Lehre verbreitet werde. Somit ist ein Zirkel, also eine Gruppe Gleichgesinnter, zum einen ein urchristliches Instrumentarium, aber zugleich auch Schulungsstätte für uns Lebende für jene Zeit nach unserem physischen Ableben.

Im englischen Spiritualismus ist die Vorstellung, dass Jesus nach seinem physischen Tod im Kreis seiner Jünger wiedererscheint, eine ganz zentrale. Im Kreise von Menschen in einem Geiste wird möglich, was unser Verstand aufs Heftigste bestreitet. Jesus gibt damit den Menschen einen Hinweis, einen Weg, wie sie erfahren können, dass es keinen Tod im Sinne eines endgültigen Endes gibt. Aber das ist nicht alles, er zeigt ihnen auch, wie sich mit dieser anderen Welt der Wiederauferstehung kommunizieren lässt. Diese „Séance", die in der Bibel geschildert wird, ist ein Kerngedanke spiritualistischen Denkens.

In England habe ich Medien oft erklären hören, dass die medialen Fähigkeiten und Kommunikationsformen jenen entsprechen, die auch im Jenseits Anwendung finden. Der Verstorbene besitzt ja keinen Kehlkopf mehr, mit dessen Hilfe er sich sprachlich äußern kann, weshalb Telepathie, also die Übertragung von Gedanke zu Gedanke, eine völlig normale Fähigkeit im Jenseits sei. Der Zirkel, in dem man solche Fähigkeiten schult, kann also zum einen Kontaktstelle zwischen Diesseits und Jenseits sein, zum anderen bietet er aber den noch auf der physischen Ebene Lebenden die Möglichkeit, sich im Hier und Jetzt schon auf die nächste Stufe ihres

> **Die alte Zirkeltradition**

Seins vorzubereiten. Gleichzeitig ermöglicht die Schulung medialer Fähigkeiten im Zirkel, dass viele wissende, medial geschulte Menschen später im Jenseits bessere Kontaktmöglichkeiten zum Diesseits aufbauen können. Die Zirkelarbeit gewann damit eine weitere Dimension. Jetzt war der Zirkel nicht mehr nur ein Ort, an dem man Verstorbenen begegnen konnte, wie es der Spiritismus pflegte, der Zirkel wurde vielmehr zur spirituellen Schulungsstätte.

Vom Spiritismus zum Spiritualismus

Mit Beginn des 20. Jahrhunderts trat der Spiritualismus in eine neue Phase, die ihn endgültig vom Spiritismus loslöste. Die Welt veränderte sich rapide. Schon vorher war es ein Problem der Zirkelarbeit, dass viele Mitglieder natürlich schnelle Erfolge im Kontakt mit dem Jenseits erwarteten, schnell Phänomene erleben wollten. Die spiritualistischen Schriftsteller mahnen daher immer wieder zur Geduld. Hans Arnold sprach von zwanzig Sitzungen, die man Geduld haben müsste, bis sich Phänomene einstellen. Damals scheint es also sehr viele Menschen gegeben zu haben, die große Fähigkeiten für eine physische Medialität besaßen, was nicht wundert, denn es herrschte große materielle Not in Zeiten der Industrialisierung. In der Tat ist es auffällig, dass in vielen Biographien der großen physischen Medien zwei Fakten auftauchen, die mir von Freunden in England auch bestätigt wurden: Die meisten solcher hochbegabten physischen Medien wuchsen in Armut auf und besaßen so gut wie keine Bildung. Ihr Intellekt war also kaum ausgebildet. Bildung erwarben sie meist erst im späteren Alter. Mit Beginn des 20. Jahrhunderts, vor allem dann nach dem zweiten großen Weltkrieg, nahm die Zahl der hochbegabten physischen Medien rapide ab, was zur Folge hatte, dass viele mit Tricks versuchten, weiter Phänomene zu produzieren.

Als ich dann 1980 zum ersten Mal in England war, erfuhr ich von so großen Medien wie Gordon Higginson, Albert Best, Margret Pearson oder Mary Duffy, dass es in England zu jener Zeit wahrscheinlich nur noch zwei Zirkel gab, die seriös und wahrhaftig diese Art von Phänomenen der Medialität hervorzubringen vermochten. In der Tat war diese Art von Medialität auch nicht ungefährlich, denn sie beruhte auf der Fähigkeit zur Trance. Das Medium stellt dabei seinen Körper anderen Wesenheiten zur Verfügung. Lehrer wie Alice Bailey haben deshalb auch immer vor dieser Art der Medialität gewarnt, die ein „Leermachen" des Körpers voraussetzte. In die leere Hülle können unkontrolliert Energien einströmen und es gab nicht wenige Medien, die über eine solche Arbeit physisch oder psychisch krank geworden sind. Für uns heutige Menschen, die wir aufgrund unserer modernen Welt bereits starker Nervosität, inneren Spannungen und überstarker Sensibilität unterliegen, ist ein solches Arbeiten deshalb auch kaum anzuraten.

Gruppenschulung anstelle von Individualförderung

Der Schwund an Begabungen von physischer Medialität war früh schon ein Zeichen der Veränderung der Energie des kollektiven Feldes und führte dazu, dass ein Umdenken auch in der spiritualistischen Bewegung einsetzte. Das tangierte natürlich auch die Definition des Zirkels. Die beiden Medien Margaret van Underhill und Helen MacGregor vollziehen diesen Schritt zum Wandel in ihrem Buch „The Psychic Faculties and their Development", das 1934 erschien. Erstmals gewinnen hier die mentalen Aspekte der Zirkelarbeit absolute Oberhand. Die Autorinnen stellen Bewusstseins- und Entwicklungszirkel vor, wie ich sie im praktischen Teil dieses Buches ebenfalls erläutern werde. Früher erfolgte der Kontakt zur geistigen Welt über das Medium eines Zirkels und bestand vor allem in physischen Erscheinungen. Jetzt sollten die Zirkelmitglieder sich darin üben selbst einen direkten Kontakt zu Helfern auf der geistigen Ebene herzustellen, um Botschaften zu empfangen.

„Wir empfehlen dem Sensitiven („psychic") seine Entwicklung in einem mentalen Zirkel zu beginnen, der den großen Vorteil bietet, dass er befähigt wird, direkt mit seinen Helfern zu kommunizieren."
(aus: "The Psychic Faculties and their Development", Helen MacGregor u. Margaret v. Underhill, L.S.A. Publications, London,1934, S. 80)

Spirituelle Schulung für alle Zirkelmitglieder

Die Schulung sensitiver und mentaler Fähigkeiten wurde immer wichtiger, da das Leben der Menschen mit zunehmender wirtschaftlicher, sozialer und bildungspolitischer Entwicklung sich mehr und mehr von der physischen auf die emotionale und mentale Ebene verlagerte. Der Zirkel wurde somit zu einem Ort der spirituellen Schulung aller und nicht mehr nur eines einzigen Mediums. Er war somit auch nicht mehr ein Ort, an dem allein bewiesen werden sollte, dass es Leben nach dem Tod gibt. Es ging jetzt um spirituelle Schulung und Entwicklung des eigenen Bewusstseins, um auf diese Weise die Mauer zwischen Diesseits und Jenseits aufzuheben. Dies war ein wirklicher Fortschritt im Spiritualismus. Natürlich blieb das Thema Leben-Tod ganz zentral, aber es wurden jetzt viel mehr solche Wege aufgezeigt, wie man seine eigene spirituelle Erkenntnis und Erfahrung fördern und erweitern kann.

Nach wie vor richtet sich auch heute noch das Hauptaugenmerk vieler Anhänger des Spiritualismus in England weiterhin auf die physische Medialität, da sie na-

Die alte Zirkeltradition

türlich spektakulär ist, wenn auch meistens enttäuschend. Wir hatten zwei Kurse und Meetings mit physischer Medialität besucht, zu denen viele sympathische, zumeist stark übergewichtige, Manifestations- und Trancemedien angereist waren. Die Vorführungen waren wirklich katastrophal und kindisch, beleidigend für jede Intelligenz und wir waren sicher, hätten wir als allererstes einen solchen Kurs besucht, wir hätten Reißaus genommen und hätten den Spiritualismus als „esoterischen Humbug" abgetan.

Medien wie Margaret Pearson oder Mary Duffy hatten ebenfalls wenig übrig für diese Art „Shows", da sie den Schaden erkannten, den diese dem seriösen Spiritualismus zufügen. Gott sei Dank standen solche Erlebnisse für uns am Schluss und wir hatten zuvor ausreichend Gelegenheit gehabt, wirklich fundierte Erfahrungen zu machen und die seriöse Arbeit einiger der großen „alten" Medien kennen zu lernen. Hervorragende Arbeit haben wir stets in den mentalen Zirkeln in England erlebt. Dies ersparte uns auch die mit Sicherheit zu erwartende Frustration, dass selbst nach einem Jahr Zirkelarbeit immer noch keine physischen Phänomene stattgefunden hatten, sich immer noch keine „Geister" gezeigt hatten.

Ausgehend von den in England gemachten Erfahrungen und geprägt durch unsere eigene, nunmehr zwanzigjährige Zirkelerfahrung haben wir ein eigenes Konzept für eine zeitgemäße Zirkelarbeit entwickelt, das unseren heutigen, individuellen wie sozialen Ansprüchen genügen kann.

1.2 Die moderne, zeitgemäße Zirkelarbeit

„Wir können niemanden von irgendetwas überzeugen. Wir können nur einen Samen legen. Das Höchste, was wir erreichen können, ist, dass wir Menschen dazu anregen können, mehr über sich herauszufinden. Wir können nicht den Schmerz über einen Verlust wegnehmen, aber wenn wir es schaffen, da Hoffnung zu geben, wo es vorher keine gab, dann hat sich unsere Arbeit gelohnt."
Albert Best

Albert Best

Jede Einzelleistung ist stets ein Teil des großen Ganzen

Zirkelarbeit ist Teamarbeit, fördert also die Fähigkeit zur Zusammenarbeit und setzt den Einzelnen in Bezug zu einer größeren Einheit. In Zeitschriften wirbt eine Schweizer Managementfirma mit dem Kopf von Beethoven und der Aussage, dass jede große Leistung dieser Welt von einzelnen erbracht wurde. Man kann sich nur wundern über eine solche Aussage. Leider kann sich Beethoven nicht mehr wehren, denn das hätte er mit Sicherheit getan. Ohne sein Genie schmälern zu wollen, Beethoven wäre nicht denkbar gewesen ohne Vorläufer wie z.B. Johann Sebastian Bach oder ohne seine Lehrer. Er selbst hat sich in zahlreichen schriftlichen Belegen immer wieder zu seiner Medialität bekannt, was bedeutet, dass er Inspirationen aus der jenseitigen Welt erhalten hat. Es gibt keine Einzelleistung im Kosmos in dem Sinne, dass jemand abgekoppelt vom Ganzen, also vollständig allein aus sich selbst heraus, seine Leistung vollbringen kann. Jede menschliche Leistung entsteht aus der Zusammenarbeit und der Vernetzung, so wie uns die Natur das auch vorlebt. Jedes Wesen kann nur im Kontext existieren. Jemand kann initiieren, ja auch genial vollenden, aber er und sein Werk bleiben stets ein Kind des Ganzen. Jeder einzelne Mensch ist ein Bote der Ganzheit, die wir das Göttliche oder die göttliche Einheit nennen.

Die Zirkelarbeit rückt diese Ganzheit, die Einheit klar ins Blickfeld ohne dabei individuelle Potenziale zu schmälern. Sie folgt dem Gedanken, dass wir nur zu dem werden können, wie wir gemeint sind, indem wir uns mit anderen gleichzeitig entwickeln und uns vernetzen. Wer sich abtrennt und isoliert vom Ganzen, wird irgendwann erfahren, dass er in einer Sackgasse gelandet ist, die keine weitere Entwicklung, kein weiteres Wachstum mehr möglich macht. Eine solche Sackgasse endet entweder in einer weltfremden Exzentrizität, der Isolation oder in einer verzweifelten Selbsterhöhung, die sich in Anmaßung, Fanatismus und Machtgelüsten ergeht. Es gilt das alte chinesische Sprichwort: „Wer auf einem Sockel steht, kann nirgendwo anders mehr hin als hinunter."

Problemlösung erfordert Teamarbeit

Team- oder Gruppenarbeit ist ein zwingendes Erfordernis unserer Zeit. All die großen Probleme dieser Welt sind nicht mehr von Einzelnen zu lösen. Eine solch schwere Krankheit unserer Zeit wie z.B. Krebs lehrt uns ebenfalls, dass in der intelligenten, sinnorientierten Zusammenarbeit die Lösung liegt. Bei der Krebserkrankung wuchert jede Zelle wild und ohne Sinn vor sich hin, denn es fehlt ihr der Bezug und die Ausrichtung zur übergeordneten Einheit. Von daher kann man an der Schwere dieser Erkrankung auch den Zustand unserer Welt ablesen. Es braucht den sinnvollen Zusammenhang so wie es Netzwerke braucht um Wissen zu verbreiten und unterschiedliche Möglichkeiten ergänzend einzusetzen. Von daher sehe ich die Zirkelarbeit durchaus auch als sehr zeitgemäßes Angebot der Geistigen Welt, damit wir uns wieder in den größeren Zusammenhang zu stellen lernen.

Zirkelarbeit, wie ich sie verstehe, findet auf drei Ebenen statt und ist ein:

1. Spiritueller Weg
(Entfaltung unseres spirituellen Selbst und Kontakt zur Geistigen Welt)
2. Individueller Weg
(Entwicklung der eigenen Potenziale, bei gleichzeitiger Erdung)
3. Sozialer Weg
(Beziehungsfähigkeit, Gemeinschaftssinn, Freundschaft, Heilung, Alltag)

Zirkelarbeit erfordert Teamgeist.

Spiritualität und Sozialkompetenz gehören zusammen

Zirkelarbeit fördert unser spirituelles Verständnis, erhöht unsere eigene Schwingung, so dass im Laufe der Zeit ein Kontakt zur Geistigen Welt möglich wird. Unser Alltag, privat und beruflich, wird verstärkt von spiritueller Energie durchdrungen. Der Zirkel ist also ein spiritueller Weg. Gleichzeitig entwickelt jedes Zirkelmitglied seine ganz eigenen Potenziale, seine wirkliche „Originalität", was über das Üben im Feedbacksystem ermöglicht wird. Da diese Entwicklung geerdet abläuft, kommen wir mit unseren Möglichkeiten in die Realität, sprich Verwirklichung hinein. Und letztendlich fördert der Zirkel jene lebendigen, gemeinschaftsbildenden Kräfte, die jeder Mensch in sich trägt und die durch die Betonung des Individuums in unserer Gesellschaft etwas aus dem Gesichtskreis entschwunden sind. Meist finden wir die „soziale Kraft" heute nur noch reduziert auf das, was wir „Alltag" nennen, den wir oft als zu enges, lästiges und forderndes Korsett von Pflichten empfinden. Freundschaft, gemeinsames Teilen, Beziehung, tiefe Zuneigung sind jene sozialen Kräfte, die wir nur im Kontext zu anderen Lebewesen erfahren können. Sie fördern die Heilkraft und lebendig wird diese, wenn wir sie im Zirkel zum Beispiel als Fernheilung hinaussenden.

Diese drei Wege zusammen, also die Entfaltung des geistigen, persönlichen und sozialen Ichs mithilfe der Zirkelarbeit führen letztendlich zu dem, was wir als „ganzheitliches Bewusstsein" bezeichnen. Ganzheitlich arbeiten heißt einen Menschen in seinem spirituellen Sein, in seiner Persönlichkeit und in seinem kollektiven Feld wahrzunehmen. Das ist für uns alle wichtig, nicht nur für Therapeuten und Heiler, denn wir alle sind soziale Wesen. Können wir andere Menschen auf diesen drei Ebenen verstehen und würdigen, wird allen Beteiligten Segen daraus erwachsen.

1.3 Sinn und Nutzen der Zirkelarbeit

Ort der sensitiven, medialen Schulung
Weit verbreitet ist die Meinung, dass Sensitivität und Medialität etwas seien, wofür man nicht zu arbeiten brauche, was einem geschenkt oder in die Wiege gelegt werde. Eine schwerwiegende Fehleinschätzung. Am besten lässt sich die Medialität mit den Künsten vergleichen. Es gibt sehr wohl einige wenige Menschen, die mit einer außergewöhnlichen musikalischen oder malerischen Begabung geboren werden, was sie jedoch nicht eines harten Trainings enthebt. Andere besitzen eine eher „durchschnittliche" Begabung, arbeiten hart daran um voranzukommen und werden ebenfalls zu sehr guten Künstlern. Entscheidend ist die brennende Liebe für etwas. Der von Natur aus Begabte wird ohne eine solche Liebe nichts aus seiner Begabung machen, während der durchschnittlich Begabte über Liebe und Hingabe alles erreichen kann. So ist es also unsinnig zu glauben, dass Medialität allein eine Sache der Begabung sei oder es reiche aus, ein paar Kurse zu besuchen und dann käme alles andere ganz von selbst. Ohne das „Trainingslager" des Zirkels hilft weder Kurs noch Begabung. Das regelmäßige, kontinuierliche Üben bringt den Fortschritt.

Fast alle Übungen unseres LEB®/S Ausbildungssystems sind ganz auf das Feedback ausgerichtet, denn es gibt gar keine andere sinnvolle Methode als die mit anderen Menschen zusammenzuarbeiten. Das Feedback setzt den Rahmen, der es möglich macht unsere Wahrnehmungen auf ihre Echtheit und Wirklichkeit hin zu überprüfen. Zugleich ist die Gruppe stets ein Spiegel für uns selbst, der hilft, uns selbst besser wahrzunehmen, um den Stand unserer Entwicklung zu erkennen und das auszudrücken, was uns wirklich berührt und bewegt. Die anderen Gruppenmitglieder geben ihre Energie ein um uns zu helfen, unsere Fähigkeiten und Potenziale zu entwickeln, so wie auch wir unsere Energie für alle anderen im Zirkel bereitstellen. Das ist das Wunderbare an dieser Art des Feedbacksystems: Jeder fördert jeden und damit sich selbst!

Erweiterung der eigenen Wahrnehmung
Unsere Wahrnehmung ist im Alltag zumeist ganz auf uns selbst gerichtet. Wir betreiben eine intensive Selbstschau, stets untersuchend, ob alles in Ordnung ist. Unsere Wahrnehmung arbeitet nach einem Muster, das von eigenen Erfahrungen und unserem Glaubens- oder Wertesystem vorgegeben wird. Wir hören nur das, was wir hören wollen und sehen nur das, was wir sehen wollen. Wir sind in unserem eigenen kleinen System gefangen, was verhindert, dass wir die Welt in jedem Augenblick in ihrer ganzen Weite wahrnehmen können. Wir erleben die Welt in der Weise, wie wir beschlossen haben sie zu erleben. Das ist ein nützlicher, überaus empfindlicher Gleichgewichtszustand, den wir aus wohltuenden wie auch schmerzlichen Erfahrungen abgeleitet haben, den man auch als „Komfort-

Sinn und Nutzen der Zirkelarbeit

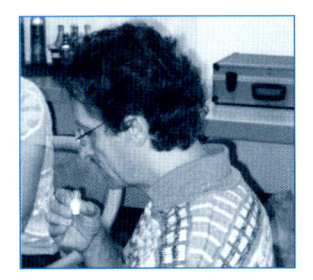

Ein Kursteilnehmer bei einer sensitiven Übung.

Wahrnehmung hängt von unserem Fokus ab.

oder Schonhaltung" bezeichnen kann. Indem wir einen solchen Status quo zu erhalten trachten, stärken wir nicht gerade die Kräfte unserer Entwicklung. Alles, was den Status quo erhält wird dann als positiv erfahren und alles, was unseren Wünschen nicht entspricht, wird als unbefriedigend oder schmerzhaft erlebt. Eine erweiterte Wahrnehmung ist so nicht möglich. Realität bleibt damit überaus subjektiv.

Wie fixiert unsere Wahrnehmung arbeitet, möchte ich an einem Beispiel aufzeigen. Es ereignete sich zu der Zeit in meinem Leben, als ich als Musiker Konzerte gab, jedoch bereits angefangen hatte, mich intensiv mit Spiritualität und Medialität zu beschäftigen. Mit meinem Ensemble gaben wir ein Konzert in einem Kloster, an das ein Krankenhaus angeschlossen war. Auf dem Programm stand sehr lebendige italienische Barockmusik. Wir gaben unser Bestes, aber ein Blick ins Publikum genügte, um uns zu ernüchtern. Die meisten Zuhörer sa-

Mitglieder des Sephíra-Ensembles: Rosina Sonnenschmidt, Achim Weigl, Dietmute Zlomke.

Sinn und Nutzen der Zirkelarbeit

ßen mit stummem Blick, kaum eine Regung war zu vernehmen. Der Applaus am Ende der Stücke war dünn und klang nicht begeistert. Wir waren vollkommen frustriert und enttäuscht über das Publikum, was wir auch ziemlich aufgebracht hinterher dem Konzertveranstalter mitteilten. Da erzählte uns dieser, dass die allermeisten Zuhörer Krebspatienten gewesen seien und vor dem Ende ihres Lebens stünden. Die Kranken hätten sich gerade dieses Programm gewünscht, weshalb er uns eingeladen hätte. Selten waren wir beschämter und kleinlauter nach Hause gefahren, innerlich uns entschuldigend. Und was wäre gewesen, wenn wir mit dem Veranstalter nicht darüber gesprochen hätten, dies als negative Erinnerung so mitgenommen hätten? So viel also zum Thema Wahrnehmung. Der Fokus unserer Wahrnehmung lag ganz auf uns selbst, war auf unsere Bedürfnisse und Erwartungen gerichtet. Alles andere, und das wäre das eigentlich Wichtige gewesen, war aus unserer Wahrnehmung ausgeklammert.

Mit unserer erlernten, konditionierten Wahrnehmung schneiden wir uns die Realität so zurecht, dass sie erträglich, nützlich und scheinbar sinnvoll für uns wird. Unser Ego ist ein wunderbarer Regisseur und wir sind die Hauptdarsteller in seinem Film. Das Ego ist ein Ergebnis der Erfahrungen unseres Lebens, seien sie ererbt oder selbst erworben. Es ist ein Ergebnis unserer Ängste und Befürchtungen, vor allem der Angst, zerstörbar und ersetzbar zu sein. Seine positive Seite besteht darin, dass es uns aus seinem Sicherheitsdenken heraus helfen möchte, Schmerz im Jetzt oder in der Zukunft zu vermeiden. Es ist in gewisser Weise wie eine Übermutter, die um den Preis des Schutzes und der Stabilität jegliche Weiterentwicklung verhindert.

Die Übungen im Zirkel sollen nun helfen, diese konditionierte Wahrnehmung, diese Ich-Fokussierung abzulösen, so dass wir mit der Zeit immer mehr das Ganze um uns herum wahrnehmen können. Wir lernen im Zirkel die Energie des Raumes zu spüren, die Atmosphäre wahrzunehmen. Während des Einschwingens erfahren wir intuitiv unsere Gefühle, aber auch jene der anderen. Dann richten wir uns ganz auf eine höhere Ebene der Wahrnehmung aus, auf die spirituelle Ebene. Zirkelarbeit führt so zu einer Integration unserer Wahrnehmungen, sie macht uns wacher. Wir gelangen auf diese Weise über die von unserem Ich begrenzte Wahrnehmung hinaus und erfahren mit der Zeit viel mehr Wirklichkeit und Wahrheit als zuvor.

Kommunikation und Ausdrucksvermögen

Im Zirkel lernen wir über viele Übungen den Ausdruck und die Präsentation unserer Wahrnehmungen und jener Anliegen, die uns wichtig sind. Die Feedback-Übungen und das „Inspirierte Sprechen" sind wichtige Hilfsmittel dafür. Im Laufe der Jahre haben wir viele Menschen erleben dürfen, deren Ausdrucksvermögen mithilfe der Zirkelarbeit rapide angewachsen ist, ein unschätzbarer Vorteil auch für den praktischen Alltag. Gespräche mit anderen Menschen nehmen einen ganz anderen Verlauf. In Erziehung und Schule wird unsere Originalität zugunsten einer nivellierenden, dis-

> **Sinn und Nutzen der Zirkelarbeit**

Kommunikation

Schlagabtausch

Chris Batchelor bei einem inspirierten Vortrag.

tanzierten Sachlichkeit wegtrainiert, damit wir nirgendwo anstoßen und das Wohlwollen höhergestellter Personen oder des Kollektivs erreichen. Natürlich ist dies eine Möglichkeit der Kommunikation, aber um welchen Preis? Wir werden dadurch immer weniger authentisch und verlieren Teile unseres Selbst. Im Zirkel lernen wir unsere Authentizität und Originalität wieder zu leben, aber so, dass ein positives Ausleben und eine positive Ausstrahlung derselben möglich wird. Viele Partnerschaften (die Scheidungsrate ist ja heute enorm hoch) leiden vor allem unter mangelnder Kommunikation, unter Sprachlosigkeit, eben weil immer weniger Menschen ihre wirklichen Anliegen formulieren und ausdrücken können. Heute herrscht ein Schlagabtausch der persönlichen Standpunkte, wie es in den Talkshows des Fernsehens vorgeführt wird. Das ist weder eine wirkliche Kommunikation oder Diskussion, noch wird irgendetwas bewegt oder wirklich verändert. Der bekannte Komponist Johann Sebastian Bach pflegte solche hohlen Aussagen als „leeres Stroh" zu bezeichnen.

Die Kommunikationstechnik, die man im Zirkel erlernen kann, kommt ohne Scheu ganz aus dem Inneren der Menschen und drückt das Wesentliche, das innere Anliegen aus. Jedes Anliegen, das aus unserer seelischen Ebene kommt, wird die seelische Ebene des Gesprächspartners erreichen. Das praktische Leben offenbart genügend Beispiele für eine solche Wirksamkeit. Da haben wir den Personalchef, der eigentlich niemanden mehr einstellen möchte und da kommt ein Bewerber oder eine Bewerberin, der in einer wirklichen Notlage ist. Meist wird diese Not nicht verbal geäußert, aber die Schwingung kommt in der Seele des Personalchefs an und gegen seine verstandesmä-

Der Heiler Tom Johanson war auch ein begnadeter Redner, der in der Inspiration brillant und packend über hochphilosophische Themen sprechen konnte, ohne je Fachbücher gelesen zu haben.

ßige Absicht stellt er diese Person ein. Wenn Seele zu Seele spricht, was keine Kommunikation über Petitionen und Worte ist, dann werden Dinge möglich, die auf der Verstandesebene nie möglich sind.

Vertrauen in sich, in andere und in das Leben

Die Individualisierung unserer Gesellschaft, der unantastbare Freiraum des Persönlichen ist in vieler Hinsicht ein großer Fortschritt und Segen, hat aber auch seine Schattenseiten. Zum einen bildet sich der Gemeinschaftssinn zurück, die Identifikation mit dem Ganzen. Das kann zur Isolation des Einzelnen und damit zu Beziehungsproblemen führen, aber auch zur Zersetzung der Gemeinschaft. Außerdem entsteht der Druck, dass alles von uns selbst abhängig ist. Erfolge erleben wir als Ergebnis persönlicher Anstrengung und Leistung, Rückschläge aber im Gegenzug als persönliches Versagen. Viele Menschen empfinden ihr Leben als Bürde, weil sie glauben, alles liege allein an ihnen, sie seien die „Macher" oder „Vernichter" ihres Lebens. So gaukeln viele Lebenshilfe-Ratgeber vor, es liege allein an der Person selbst, wenn sie nicht gesund, reich, verheiratet etc. ist und es brauche lediglich eine Veränderung ihres Selbst um sie vom Verlierer zum Gewinner zu machen. Natürlich liegt viel an uns selbst, wir sind der Schlüssel zu uns selbst, besitzen ein hohes Energiepotential, aber wir sind auch eingebettet in kollektive Felder. Und was wir alleine nicht können, das können wir vielleicht über das Feld erreichen. Der Zirkel ist ein gemeinschaftliches Feld und wir haben dort irdische Freunde ebenso wie unsichtbare, geistige Helfer. Wie gut es tut, Dinge einfach einmal an eine andere, manchmal höhere Stelle abgeben zu können, an die Gruppe oder an die Wesen der geistigen Welt, konnten schon viele in ihrem Zirkel erleben. Das ist eine der ganz wichtigen Erfahrungen der Sensitivität und Medialität: Man ist nicht allein und muss nicht alles alleine tragen.

Individualisierung führt zu Konkurrenz- und Leistungsdenken

Die Individualisierung unserer Gesellschaft bringt ebenfalls den Aspekt der Konkurrenz mit sich, was im positiven wie auch negativen Sinne zu einer Leistungsgesellschaft führt. Wir stehen im Wettbewerb mit anderen, müssen uns beweisen. Alle Leistung ist stark an den Willen und die Durchsetzungskraft des Ichs gebunden, das linear, zielgerichtet und fokussiert arbeitet. Gerade sensitive, sensible Menschen haben hier natürlich besonders schlechte Karten, da ihnen „die Nerven" dafür fehlen und sie vor allem kreativ, zirkulär in ihrem Wollen ausgerichtet sind, weshalb ihnen ja die Stoßkraft fehlt. Leicht kommen da Gefühle der Minderwertigkeit und Minderbegabung auf. Die anderen erscheinen schöner, brillanter, begabter.

Im Zirkel erlebt man nun genau das Gegenteil. Mit Willen und Leistung ist bei den Übungen gar nichts zu machen. Es bedarf eher des freien Spiels der Kräfte,

> **Sinn und Nutzen der Zirkelarbeit**

des Loslassens und Geschehenlassens. Und immer wieder steht ein Gedanke zentral im Mittelpunkt: Jeder Erfolg in der Übung ist der Erfolg aller; jeder Misserfolg ist der Misserfolg aller! Während einer übt, unterstützen ihn die anderen, indem sie ihm Energie geben. Ist ihre Energie stark und richtig, so wird der Übende einen Erfolg haben. Alle arbeiten auf ein positives Ziel hin zusammen, keiner wartet auf das Versagen eines anderen. Irgendwann entdecken plötzlich alle Mitglieder, welche Kreativität und Einzigartigkeit in jedem einzelnen von ihnen steckt, was die ganze Gruppe bereichert und inspiriert. So wächst das Vertrauen in die Fähigkeiten jedes Einzelnen, die dann auch dem Alltag des Einzelnen zugute kommen. Und natürlich stärkt sich das Vertrauen in das Leben selbst, in eine höhere, geistige Kraft, wenn man ihr Wirken immer öfter erlebt.

Eine positive Lebenseinstellung lässt die Heilkraft wachsen

Unsere Wahrnehmungsschulung ist bewusst am Potenzial, an der Fülle, am Positiven orientiert. Uns interessieren nicht der Mangel oder die Fehler; auf das Erkennen von Defiziten ist unsere alltägliche Wahrnehmung bereits mehr als ausreichend konditioniert. (Stichwort Kritik, Analyse, hinterfragen). Durch konsequente Orientierung am Positiven werden wir und damit auch unsere Ausstrahlung immer positiver. Das muss nicht heißen, dass man alles nur noch durch die rosa Brille betrachtet und alles nur schön ist auf der Welt. Das wäre wohl kaum der Realität angemessen. Aber wir verändern unseren Fokus, indem wir nicht zu allererst auf den Mangel blicken, sondern auf die Fülle. Es ist wie mit dem berühmten „halben Glas Wasser". Es bleibt ein halbes Glas, nur für den einen ist es glücklicherweise noch halbvoll, während es für den anderen leider schon halbleer ist.

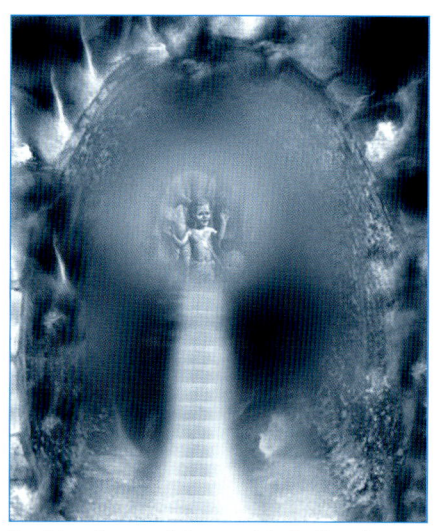

Positive Ausstrahlung wirkt heilend. **Den Blick auf die Fülle lenken.**

Sinn und Nutzen der Zirkelarbeit

Positivität bedeutet ein Ausstrahlen, ein Abstrahlen, ein Hinausgehen, ein Vermehren von aufbauender, vitalisierender Energie. Negativität führt uns nach innen, schließt uns ab von der Welt und verstärkt die abbauende, entkräftende Energie. Negativität bedeutet Aufgeben, Wehrlosigkeit und Ohnmacht. Jeder kennt eine solche Situation wie die folgende: Man kommt morgens ins Büro in bester Laune und da sitzt auch schon der Kollege mit sauertöpfischer Miene am Schreibtisch gegenüber. Ein Gespräch kommt kaum in Gang und man lässt sich von der momentanen „Dunkelheit" anstecken. Schon wird die bis dahin lichte Welt ebenfalls um einige Grade dunkler und für die anderen Mitarbeiter ist jetzt sogar schon ein „kleines dunkles Feld" entstanden, das seine Schatten wirft. Schafft man es aber mit seinem Lächeln dessen Sonne hervorzukitzeln, so wird er meist bereitwillig erzählen, was ihn bedrückt. Zwei lächelnde Gesichter geben ein „sonniges Feld" für alle anderen. Im Zirkel lernen wir unsere dunklen, negativen Gefühle draußen zu halten, was ihnen auf Dauer die Kraft entzieht. Auf diese Weise nimmt das Ausstrahlungsfeld des Zirkels zu, was seine Rückwirkung auch auf seine Mitglieder hat. Wir entwickeln eine andere Haltung, eine andere Sprache, unsere Sinne orientieren sich am Heilsamen. Das führt dazu, dass sich viel Heilkraft entwickelt und wir dann anders mit uns selbst und auch mit anderen umgehen können.

Förderung von Kreativität

Zirkelarbeit fördert und erweitert unsere Wahrnehmungsfähigkeit. So kann es nicht ausbleiben, dass wir auch an uns selbst viele neue kreative Potenziale entdecken. Manche haben wir vielleicht bisher nie in uns vermutet, andere aber haben wir bereits erahnt, lediglich das Zutrauen zu unseren Fähigkeiten hatte noch gefehlt. Oftmals sind es aber auch Potenziale, über die wir als Kinder noch verfügt

Öffentlicher Heilerabend unseres Zirkels in der Besetzung von 2003.

hatten, die aber irgendwann einmal „abgewürgt" wurden. Schon oft habe ich z.B. von Kursteilnehmern oder Klienten gehört, dass sie früher gerne gesungen hätten, bis irgendwer einmal sagte, dass ihre Stimme scheußlich klänge. Danach haben sie nie wieder gesungen und sind seitdem auch der Ansicht, dass sie das gar nicht können. Welch' tiefe Wandlung erleben sie, wenn sie dann dieses Potenzial nochmals aufgreifen und z.B. in einen Chor eintreten.

In unserem allerersten Zirkel gab es eine ältere Dame, die Diakonissin im Ruhestand war. Als Margaret Pearson einmal an unserem Zirkel teilnahm, erkannte sie ein malerisches Talent in dieser Dame, die das aber weit von sich wies. Sie habe noch nie malen können und werde das wohl auch nicht mehr lernen in diesem Alter, so ihre Antwort. Wir malten damals viele Aurabildchen im Zirkel und mit der Zeit schien es ihr wohl Spaß zu machen, denn sie belegte einen Malkurs, ohne dass wir dies wussten. Später brachte sie zu unserem großen Erstaunen ihr erstes, gut gelungenes Bild mit und heute zeigt sie ihre Aquarellbilder sogar in Ausstellungen. Ihre kreative Gabe war nicht nur für sie wunderbar, sondern auch für den Zirkel und ist heute für viele andere Betrachter ein Gewinn. Auch an uns selbst haben wir wahrlich sehr fern liegende Potenziale entdecken dürfen. Es war zu jener Zeit, als wir noch voll begeistert und ausschließlich in der Musik tätig waren. Ihr galt unser Fokus, unsere ganze Begeisterung. Da kam in einem Zirkel plötzlich die Botschaft für Rosina, dass sie in naher Zukunft mit Tieren heilerisch arbeiten würde. Sie hatte als Stadtmensch überhaupt keinen Bezug zur Tierwelt und auch keinerlei Interesse an Tiermedizin. Und wie ihre Bücher und Kurse heute zeigen, hat sich dieses Potenzial mehr als bewahrheitet.

Wenn wir die vielen Zirkel, gewachsen aus unseren Kursen, betrachten, sind wir immer wieder aufs Neue erstaunt, welche breite und farbige Palette an Begabungen und Talenten sich bei den Teilnehmern entwickelt hat. Das eigene Potenzial zu leben, seine Kreativität auszudrücken gibt dem Leben Sinn und tiefe, innere Befriedigung. Dabei geht es gar nicht darum ein berühmter Künstler zu werden. Es geht auch nicht darum, ebenso gut wie ein verehrtes Vorbild zu werden. Es geht lediglich darum, sein eigenes Potenzial zu 100 % auszuschöpfen und zu leben, oder, um es biblisch auszudrücken „mit seinem Pfund zu wuchern".

Sicherheit auf dem Weg der Entfaltung
In der gemeinsamen Zirkelarbeit fungieren die anderen Zirkelmitglieder als Spiegel für einen selbst. Sie können uns zeigen, welch wunderbare Entwicklung wir schon gemacht haben, sie können aber auch unsere Defizite widerspiegeln. So hat der Zirkel regulatorische Funktion. Jede Beschäftigung mit Spiritualität bringt das Problem des Verlusts an Bodenhaftung mit sich. Wer sich in höhere Sphären begibt,

Sinn und Nutzen der Zirkelarbeit

wo alles mental und luftig ist, der kann leicht abheben. Wir müssen uns deshalb immer dessen gewahr sein, dass die sensitive und vor allem mediale Arbeit mit den exkarnierenden Kräften zu tun hat. Zum Ausgleich dafür braucht es eine stabile Inkarnationskraft. Stimmt das Gleichgewicht zwischen beiden Kräften nicht, dann können daraus sehr egozentrische und seltsam illusionäre Welten entstehen. Auch die eigene Gesundheit und Vitalität kann davon betroffen sein. Leicht vorstellbar ist daher, welche Gefahren eine Schulung im Alleingang birgt, wenn die liebevollen Korrekturen von Freunden entfallen, die auch dazu beitragen den abgehobenen Geist wieder auf den Boden der Realität zurückzuholen. Dies ist auch der Grund dafür, warum in klösterlichen Schulungen die Gemeinschaft so wichtig ist und warum so viel Wert auf die ganz einfachen Alltagsverrichtungen gelegt wird. Beides erdet und bindet ein. Muss man den materiell orientierten Menschen darauf hinweisen, dass es auch einen spirituellen Anteil in ihm gibt, so gilt es dem spirituell orientierten Menschen zu zeigen, dass er auch ein irdisches Leben hat. Erst beides zusammen ergibt den Weg der Mitte.

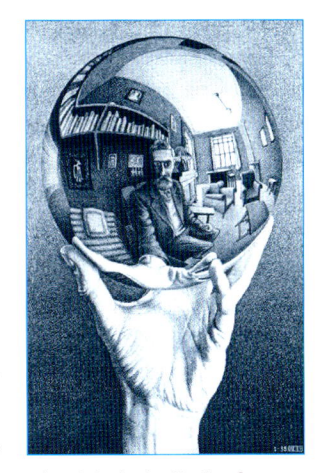

Die Zirkelmitglieder fungieren als unser Spiegel.

Theresa von Avila sagte: „Wenn Fest, dann Fest; wenn Fasten, dann Fasten!" Jeder Teil hat sein Recht. Der Zirkel schult beides. Innerhalb der Sitzung oder der sensitiven, medialen Arbeit gibt es nur die spirituelle Welt, wird der Alltag ganz draußen gelassen. Vor und nach dem Zirkel sind wir wieder ganz „normale" Erdenbürger. So lernen wir die Rückbindung sowohl an unseren spirituellen Anteil, an die geistige Welt, als auch an unseren irdischen Anteil. In der germanischen Kultur gab es ein Runensymbol für Medialität: ⚯. Dieses Symbol ist das Zeichen der Jahresmitte, wo sich im Jahreskreis der Sonnenhöchststand im Sommer mit der Tiefe der Wintersonnenwende verbindet. Besser könnte ein Symbol Medialität nicht darstellen: „Den Kopf in den Himmel erhoben, die Füße fest in der Erde verwurzelt!"

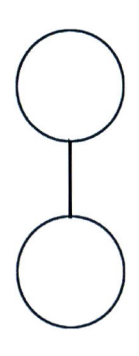

Das Runen-Symbol für Medialität.

Sinn und Nutzen der Zirkelarbeit

Spirituelle Gemeinschaft erleben

In der modernen, westlich orientierten Gesellschaft wird großer Wert auf das Recht und die Freiheit des Einzelnen gelegt, was eine wunderbare, großartige Sache ist. Aber wie immer ist dafür auch ein Preis zu bezahlen. In diesem Falle ist es der Verlust von Bindungen und Beziehungen. „Vereinzelung" und Vereinsamung sind heute große Themen in unserer Gesellschaft, vor allem dann, wenn man nicht mehr an Prozessen der Gemeinschaft, wie z.B. dem Arbeitsleben teilnehmen darf oder kann. Gemeinschaft, sozialer Austausch und Sinnbezug haben sich immer mehr auf die Arbeitsstelle hin verlagert. Zirkelarbeit war und ist stets auch ein soziales Element in dem Sinne, dass sie Beziehungen ermöglicht und dem Leben einen allem Weltlichen übergeordneten Sinn gibt. Die spiritualistische Zirkelarbeit ist aus dem Volk heraus entstanden, und zwar in einer Zeit großer Umwälzungen, Entwurzelung und großer Not. Sie ist keine Erfindung, die einer intellektuellen Planung entsprungen ist, daher ist sie am Menschlichen und am Wesentlichen orientiert.

Im Zirkel trifft man Gleichgesinnte, mit denen man über alles reden kann, wo man so sein kann, wie man ist. Das stärkt auch das eigene Lebensgefühl. Der Zirkel ist Heimat und auf seine Zirkelfreunde kann man sich stets verlassen. Freundschaft ist eines der höchsten Güter, die wir im Leben erfahren können. Der Zirkel ist eine Gemeinschaft von Gleichgesinnten, wo Freiheit und Demokratie herrschen. Alles Leben beinhaltet aber neben der Gleichheit auch eine Hierarchie, also eine Ausrichtung in die Senkrechte. Ohne diese Spannkraft gäbe es keine Entwicklung. Manche Menschen sind in ihrer spirituellen Entwicklung weiter, andere, was ihre Besitztümer betrifft, wieder andere in Belangen ihrer Kreativität und noch andere sind mit Gesundheit gesegnet. Das Leben lässt sich dem Bild nach mit einer Leiter vergleichen. Es gibt viele Sprossen, aber nur alle zusammen machen die ganze Leiter aus und ergeben damit erst Sinn. Wir können das Leben auch mit einem Orchester vergleichen. Da gibt es verschiedene Instrumente, aber auch Stimmführer, Solisten und den Dirigenten. Da herrscht eine starke Hierarchie. Aber nur alle gemeinsam ergeben den ganzen Klangkörper, der so wunderbare Musik zu erzeugen vermag.

Zirkelarbeit beinhaltet sowohl Gemeinsamkeit als auch Hierarchie. Jeder Zirkel hat seinen Leiter, dessen Anweisungen unbedingt zu befolgen sind. Die Funktion des Zirkelleiters bleibt über längere Zeit in der Hand einer Person, aber irgendwann geht sie zur nächsten Person über. So schult jeder seine hierarchische Kraft, aber immer innerhalb des Ganzen. Abwechselnd übernimmt jeder, also auch der Zirkelleiter, einzelne Aufgaben im Zirkel wie zum Beispiel das „Öffnen" oder das „Schließen" des Zirkels. Dadurch wird jeder gleich wichtig und jeder kann sich in den verschiedenen Funktionen schulen. So betrachtet ist der Zirkel auch ein wirk-

Sinn und Nutzen der Zirkelarbeit

lich kluges Schulungssystem für Teamfähigkeit und trägt dazu bei, dass man sich als Gleiche(r) unter Gleichen empfinden kann.

Diese Fähigkeit ganz unterschiedliche Positionen und Funktionen einnehmen zu können, ist auch für den Alltag überaus wichtig. Viele von uns leben stets das gleiche Muster in einer Gruppe. Es gibt jene, die werden in jeder Gruppe zum Anführer und es gibt jene, die stets die Rolle des „stillen Beobachters" einnehmen. Es gibt die Arbeiter, die stets zur Verfügung stehen, wenn es gilt einen Stand aufzubauen und jene, die immer Schriftführer werden, gleich in welcher Gruppe sie sind. Betrachte ich im Rückblick meine Funktion in einer Gruppe, so fällt mir auf, dass ich stets die Führung übernommen habe. Natürlich haben die anderen das so gewollt, haben mich in diese Rolle gedrängt, nur kam ich nie auf die Idee einmal „Nein" zu sagen. Für mein Empfinden war es eine gute, mir zustehende Rolle, zumindest für kurze Zeit, aber dann hatte ich oftmals schnell den Druck, die Verantwortung, den steten Krafteinsatz satt. Anstatt die unangenehm gewordene Rolle daraufhin zu wechseln, habe ich die Gruppe verlassen oder sie gar

Sich in verschiedenen Rollen erfahren.

In so manchem schlummert ein Komiker wie Stan Laurel.

Erstes Zirkeltreffen im November 2004 in Bretten.

Sinn und Nutzen der Zirkelarbeit

selbst aufgelöst. Welche Kraftvergeudung! Später erst habe ich dann erkannt, dass es mir überaus schwer fällt einfach nur Mitglied zu sein, nur so mitzuschwimmen oder nur mal stiller Beobachter zu sein.

Im Zirkel kann man wunderbar verschiedene Aspekte oder „Rollen" leben. Indem jeder es tut, entsteht wieder eine wunderbare Gleichheit, in einem selbst und in der Gemeinschaft. Es können sich auch verschüttete Talente entwickeln, die ein wertvoller Beitrag für das Ganze sind, weil sie zu einer neuen Rolle führen. Ich denke da an ein Zirkelmitglied, das im ersten Jahr der Zirkelarbeit stets sehr ernst war. Plötzlich brach sich eine lang verschüttete Gabe in ihm Bahn, nämlich die Gabe zu Komik und Kabarett. Er kann heute so vollendet komisch andere Menschen nachmachen, dass überall herzhaftes Lachen aufkommt. Aus seiner Rolle des stillen Beobachters war er hinübergewechselt zum „Unterhalter". Auch das hat seinen Platz im Zirkel. Wo das Ernsthafte am Tisch zu finden ist, da sitzt ihm meist das Komische oder Närrische gegenüber. Und wunderbar ist es, wenn beide Kräfte und Rollen integriert und ausbalanciert sind. Ein Zirkel ist demnach ein Ort, an dem die unterschiedlichsten Charaktere und Rollen zum Zuge kommen können.

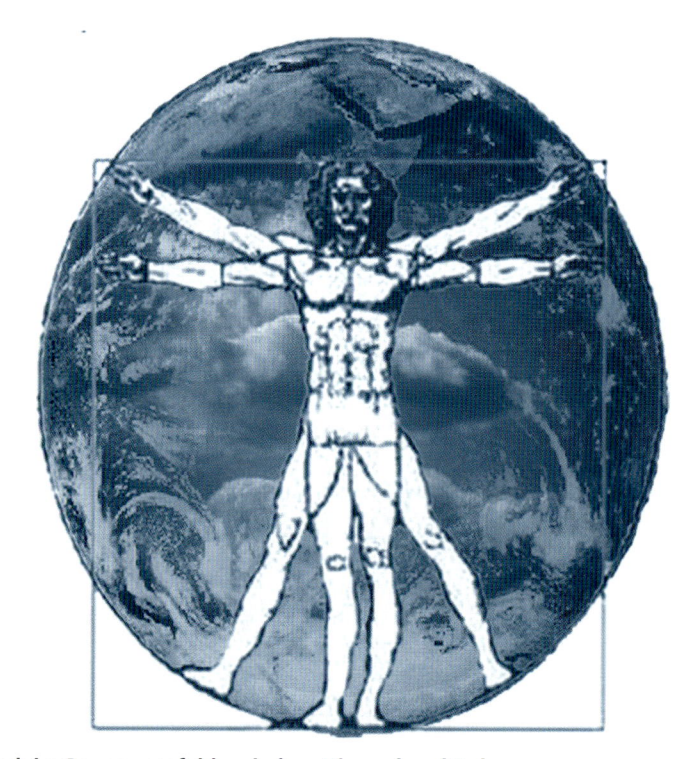

Der Mensch im Spannungsfeld zwischen Himmel und Erde.

Er bleibt aber stets eine feste Gemeinschaft, deren Ziel es ist, eine spirituelle Entwicklung zu machen.

Einbindung des eigenen Seins in die Ganzheit

„Religio" bedeutet „Rückbindung" und in diesem Sinne ist Zirkelarbeit eine religiöse Arbeit. Das uralte kosmische Menschenbild zeigt diesen stets eingespannt zwischen Himmel und Erde. Der Mensch ist das Bindeglied zwischen diesen beiden Welten oder Realitäten. Daher bedarf es für ihn einer Rückbindung sowohl an seinen Körper als Ausdruck der irdischen Natur, als auch an sein geistiges oder seelisches Selbst, das Ausdruck des Spirituellen, Göttlichen ist. Alles was wir an sensitiven, medialen und spirituellen Erkenntnissen haben, alles was wir auf dieser Ebene wahrnehmen, muss eine Resonanz auf der irdischen Ebene haben. Jede Botschaft braucht eine Rückmeldung der irdischen Realität, muss irgendjemandem hilfreich sein, sonst ist die Arbeit völlig überflüssig.

Was macht es für einen Sinn in einer „Akasha-Chronik" zu lesen, wenn ich weder mit meinem Leben klarkomme noch irgendjemanden damit helfen kann? Was macht es für einen Sinn, die Welt mit düsteren Zukunftsprophezeiungen zu überschütten, wenn ich auch nicht die leiseste Idee habe, wie der Welt zu helfen ist und welchen Beitrag ich selbst dazu leisten kann? Gleichzeitig gilt es im umgekehrten Sinne alles, was uns auf der irdischen Ebene begegnet, zu würdigen und zu ehren, womit wir letztendlich das Geistige und Wesenhafte in ihm ehren.

Aber es braucht auch die Rückbindung des Einzelnen an die Gemeinschaft der Menschen. Nicht egozentrisches, abgehobenes, exzentrisches Solistentum ist gefragt, sondern die Beobachtung, welche Wirkung mein Tun und Erleben auf andere und auf das Ganze hat. Vergleichbar dem Vorgang, wenn ich einen Kieselstein ins Wasser werfe und dabei Wellenringe entstehen. Im Zirkel können wir wunderbar beobachten, mit welchen „Steinen" wir werfen und welcher Art die Wellen sind, die dabei entstehen.

Signal an die geistige Welt zur Zusammenarbeit

Ich bin immer wieder erstaunt, wenn Menschen von ihrer Zusammenarbeit mit Engeln und Meistern berichten und oft erlebe ich zur gleichen Zeit, dass sie weder mit anderen zurechtkommen noch ihre eigenen Probleme lösen können. Man sollte sich klar darüber sein, dass Wesen der geistigen Welt keineswegs sehnsüchtig darauf warten, dass irgendwer hier „unten" ruft und winkt. Sie wissen um die Dimensionen des kosmischen, göttlichen Plans, haben weitreichende Aufgaben und daher weder Zeit noch Interesse, sich auf irgendeine „wilde" Zusammenarbeit einzulassen. Medialität ist Teamarbeit, basiert auf Zusammenarbeit und wie

Sinn und Nutzen der Zirkelarbeit

Für abgehobene Solisten ist kein Platz im Zirkel.

Der Zirkel gleicht viel mehr einem Orchester.

Wie ein Leuchtturm sendet der Zirkel Signale an die geistige Welt.

soll das funktionieren, wenn wir nicht einmal hier unten auf Erden dazu fähig sind? Also ist der Zirkel zunächst einmal das „Feld", auf dem wir unsere Teamfähigkeit unter Beweis stellen sollten. Hier können wir unseren guten Willen und unsere aufrichtige Motivation beweisen. Gelingt das, so kann dies für die geistige Welt eine Signalwirkung haben, mit dem Tenor: Hier sind Menschen zur Zusammenarbeit bereit und auch dazu fähig. Diese Fähigkeit im Zirkel hat auch ganz praktische Auswirkungen auf den Alltag. Man signalisiert auf tiefer Ebene anderen Menschen den eigenen guten Willen, die lautere Absicht und die Bereitschaft von Akzeptanz und Zusammenarbeit. Das legt wahre Wunderkräfte frei, denn plötzlich erlebt man Unterstützung von anderen und nicht Ablehnung.

Jeder Zirkel kann mit der Zeit zu einem Brennpunkt für Licht und Erkenntnis werden, der weit hinausstrahlen kann. Er kann das Licht in anderen Menschen wecken. Im Zirkel verfeinern wir den Mechanismus unserer verschiedenen Körper und machen sie lichter oder feiner. Dies geschieht vor allem im Ätherkörper, der wiederum in das Ätherfeld der Erde eingebettet ist. Somit hat unsere Arbeit eine Rückwirkung auf das Ganze, auch wenn wir das nicht sofort und objektiv erkennen können. Indem wir unsere eigenen Schatten im Astral- oder Emotionalkörper erleuchten und durchlichten, helfen wir auch die Dunkelheit des kollektiven Schattens der Menschheit zu durchlichten. Alles Böse auf unserer Welt entspringt dem Schattenreich, das die dunklen Gedanken und Taten der Menschheit selbst geschaffen haben. Wir wollen mithelfen, das Lichtreich zu stärken. In diesem Sinne ist Zirkelarbeit auch Licht- und Erlösungsarbeit.

Ein anderes Verhältnis zur Zeit

Wir erleben heute einen starken Umbruch in unserer Gesellschaft. Zeit und Raum bekommen eine völlig neue Bedeutung. Das ansteigende Lebensalter stellt

Sinn und Nutzen der Zirkelarbeit

die Werte und formulierten Ziele der Gesellschaft vor gänzlich neue Herausforderungen. Auch hierbei kann die Zirkelarbeit einen wichtigen Beitrag leisten. Die Autorin Hildegard Bradt, Leiterin verschiedener Seniorennetzwerke, schreibt hierzu aus ihrer eigenen Erfahrung mit Zirkelarbeit und Sensitivitätsschulung:

„Wir sind unterwegs in eine „Gesellschaft des langen Lebens". Viele haben nach der Arbeit in Beruf und/oder Familie noch eine Zeitspanne von 20, 30 und mehr Jahren vor sich. Das ist neu in der Evolution der Menschheitsgeschichte. Früher war Alter etwas, was danach kommt, nach dem eigentlichen Leben. Jetzt umfasst diese Lebensspanne mehr Jahre als die gesamte Jugendzeit. Bedeutet das eine Wachstumsmöglichkeit für jeden Einzelnen bis zuletzt und neue Chancen für unsere Gesellschaft? Oder ist es eine bedauernswerte biologische Fehlentwicklung, gekennzeichnet von Stagnation, kostenaufwendigem „Vor-sich-hin-Sterben" und Belastung für Gesellschaft und Familie? In der öffentlichen Debatte wird Alter unter dem Gesichtspunkt des Kostenfaktors diskutiert und Alter gleichgesetzt mit Siechtum.
An jedem Tag und im Leben eines jeden Menschen geschieht Älterwerden. Aber das wird verdrängt. Älterwerden ist etwas Schlimmes, ein Prozess, der nur nimmt und nichts gibt, gleichsam der Dieb in der Nacht. Und nicht zu vergessen, die jahrzehntelange Botschaft: „Du bist, was du hast, wie du aussiehst" ist so verinnerlicht, dass jede/r zwar alt werden will, aber nicht alt sein. Und da man die Senioren als Zielgruppe entdeckt hat, gibt es die Anti-Aging-Welle und die verzweifelten Versuche, die äußere Form zu halten, noch dazuzugehören. Der Schein ist wichtig und es kommt zu Erscheinungsformen, die sich im Volksmund so ausdrücken: „Von hinten Lyzeum, von vorne Museum." Wer sich da nicht einklinkt, zieht sich oft durch Selbstentwertung in die Einsamkeit zurück. Wieder andere, die sich vorwiegend über die Berufstätigkeit oder Familienarbeit identifiziert haben, fühlen sich in der Zeit danach überflüssig, nicht mehr gebraucht. Sie werden dann wahrhaft zum Renn(t)ner. Erst wenn der Terminkalender wieder voll ist (auch durch sehr lobenswerte ehrenamtliche Tätigkeit) geht es ihnen wieder besser.

Diese Beobachtungen lassen mich fragen:
Wenn jede Lebensstufe ihren spezifischen Lern- und Reifungsprozess hat, worin besteht er im Älterwerden? Worin besteht die Sinnhaftigkeit dieser geschenkten Jahre, der Zugewinn für jeden alternden Menschen und die Gesellschaft?
Wie können wir lebenssatt, statt lebensmüde werden und reif werden zum Sterben und dem Übergang in eine andere Seinsweise?

Sinn und Nutzen der Zirkelarbeit

Wir leben ja in einer spannenden Zeit: Das alte, mechanistische Weltbild trägt nicht mehr und das neue, holistische, hat sich noch nicht durchgesetzt. Ganz allgemein liegt eine Chance in der Ablösung vom alten Weltbild mit seiner Wertewelt, von der wir – mehr oder weniger – noch durchdrungen sind.
Die Wirk-Weise eines neuen Bewusstsein, das sich in jedem Einzelnen vollziehen kann, wird sich an dem Platz auswirken, an den wir jeweils gestellt sind. Und das morphische Feld (Sheldrake) besagt ja, dass, wenn eine entscheidende Anzahl von Menschen ihr Denken und Verhalten ändern, sich auch die Kultur verändern wird. Und eine neue Kultur – auch des Alterns – brauchen wir dringend.

Konkret hieß das für mich vor 10 Jahren, zu einem Netzwerk „Neue Wege ins Alter" einzuladen. Netzwerke sind eine mögliche Antwort auf die gesellschaftliche Realität der Individualisierung (besonders einer Singlestadt wie Frankfurt/M., in der jeder zweite Haushalt ein Ein-Personen-Haushalt ist). Wir brauchen neue Solidargemeinschaften, in denen tragfähige Beziehungen entstehen können, sich Menschen mit ihrer Eigenart angenommen fühlen, für ihre Kompetenzen Gestaltungsraum vorhanden ist und die Sinnhaftigkeit des Lebens erkannt und erlebbar werden kann, so dass wir mit Saint-Exupéry sagen können: „Es ist gut, wenn uns die verrinnende Zeit nicht als etwas erscheint, was uns verbraucht, sondern als etwas, das uns vollendet." Das sind große Worte, aber kleine Schritte eines Lern- und Übungsweges. Ihn haben wir in den „12 Schlüsseln zur Lebenskunst des Alterns" zusammengetragen. Er entspricht unserem jetzigen Bewusstsein und kann sich infolgedessen auch wieder ändern.

Welche Bedeutung haben nun Sensitivität, Zirkelarbeit und Spiritualität im Alter? Wie in jeder Generation, ist es vom Bewusstsein abhängig, welche Lebenspraxis gewählt wird. Aber gerade die dritte Lebensphase beinhaltet die besten Voraussetzungen:

- *In der Gestaltung des persönlichen All-Tags und Lebens.*
- *Im Zusammenleben, wie in unseren „Wahlfamilien", Gruppentreffen*
- *Ich erlebe immer wieder, dass für Menschen, die mit „Glauben und so was" nie etwas zu tun haben wollten, diese Fragen eine Bedeutung bekommen und ich durch meine Arbeit sie darin unterstützen kann.*
- *In Ritualen des Dankes und der Liebe, um die Mutter Erde zu ehren, die uns ein Leben lang genährt hat.*
- *Um für das Wohlergehen aller Menschen auf diesem Planeten zu arbeiten.*

Sinn und Nutzen der Zirkelarbeit

- *Auch und gerade dann, wenn die körperliche Mobilität im hohen Alter nachlässt und die Lebensqualität anscheinend schwindet, können wir selbst gesegnet und ein Segen sein.*
- *Viele der früheren Wichtigkeiten verwandeln sich zu Nichtigkeiten. Die Zeit ist reif, Schein und Sein zu unterscheiden. Zwei neue Erfahrungen können auch dazu verhelfen: 1. Man erlebt im wahrsten Sinne des Wortes leib-haftig, wie ausgrenzend oberflächenorientiert und materialistisch die Wertewelt ist, man gehört aufgrund des biologischen Alters und weil man „alt aussieht" nicht mehr dazu, zu der jugendorientierten Gesellschaft. Und 2., im Blickkontakt mit dem Tod stellen sich neue Fragen, wenn die allgemeine Tabuisierung „der letzten Dinge" nicht übernommen wird. Den Jahrzehnten im Alter gibt man ein anderes Gesicht, je nachdem, was man denkt: Geschieht im Sterben die Vollendung des Lebens oder seine Niederlage? Ob man die Freiheit der späten Jahre erfährt, entscheidet sich an der Beantwortung dieser Frage.*

In all diesen Voraussetzungen sehe ich das Eingangstor für Sensitivität, Medialität und Spiritualität. Sie gewinnt an Bedeutung:

- *Zeit und Energie stehen in ganz anderem Maße zur Verfügung wie zuvor (zumindest der jetzigen Seniorengeneration).*
- *Man steht nicht mehr unter Karrieredruck mit den entsprechenden Rahmenbedingungen des Arbeitsplatzes.*
- *Man muss nicht mehr den Lebensunterhalt verdienen, abgesehen von Senioren, die mit der Altersarmut zurecht kommen müssen.*
- *Die Familienarbeit braucht nicht mehr so viel Kraft, die Kinder sind groß usw., abgesehen von denen, die ihre alten Eltern oder Partner pflegen.*
- *Lebenskrisen wurden bewältigt und stehen als Erfahrungsschatz zur Verfügung.*
- *Diese Lebenserfahrungen, ebenso wie die lebenslang erworbenen Kompetenzen, sind eine Quelle, aus der man schöpfen kann, und man ist sich darüber im klaren, dass die Zeit begrenzt und kostbar ist.*

Darin habe ich ganz praktische Erfahrungen, zwar nicht aufgrund mangelnder Mobilität durch Hochaltrigkeit, aber durch Krankenhausaufenthalte, die Immobilität mit sich brachten. Wie sich das Energiefeld eines Krankenhauszimmers (mit zwei gleichzeitig laufenden Fernsehern mit unterschiedlichen Programmen und zwei ständig benutzten Handys) und die Atmosphäre mit

dem Pflegepersonal z.B. durch Meditation und stille Energiearbeit veränderte. Durch diese Erfahrung wurde mir so deutlich vor Augen geführt: dass es, so lange ich lebe und wie immer das Leben sich gestaltet, es keine sinnlose Zeit gibt."
Hildegrad Bradt (zitiert aus Mediale Welten Heft 7)

2. Gedanken zur Zirkelarbeit

Spirituelles Netzwerk

Die Bedeutung der Gruppenarbeit wird gerade in östlichen Schulen vielfach propagiert. Nach deren Vorstellungen gibt es eine Gruppe hoher Wesen, die „Meister" genannt werden, die die menschliche Evolution leiten und inspirieren. Jeder dieser Meister hat wiederum Schüler, die Kontakt zu inkarnierten Schülern haben. Das sind dann die spirituell fortgeschrittenen Menschen auf der Erde, die wiederum viele Gruppen von Menschen unter ihrer Obhut haben. So entsteht eine Art energetisch strukturiertes und über Bewusstsein „hierarchisiertes" Netzwerk.

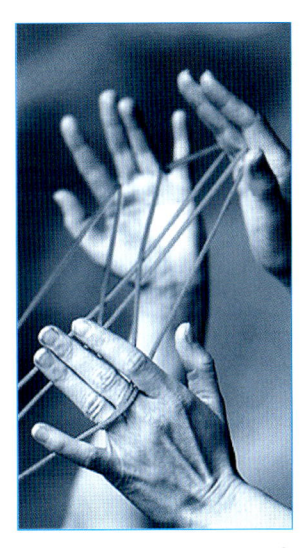

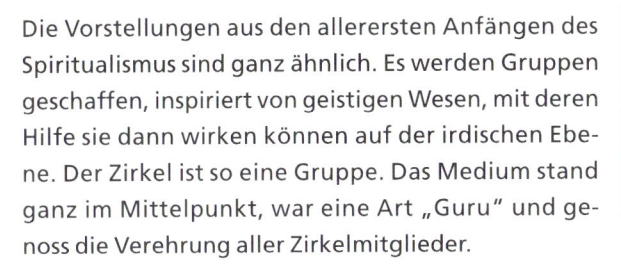

Ein spirituelles Netzwerk entsteht.

Die Vorstellungen aus den allerersten Anfängen des Spiritualismus sind ganz ähnlich. Es werden Gruppen geschaffen, inspiriert von geistigen Wesen, mit deren Hilfe sie dann wirken können auf der irdischen Ebene. Der Zirkel ist so eine Gruppe. Das Medium stand ganz im Mittelpunkt, war eine Art „Guru" und genoss die Verehrung aller Zirkelmitglieder.

Ein Guru steht im Mittelpunkt seiner Anhänger.

Die moderne Zirkelarbeit dagegen hat sich zu einer sehr individuellen, demokratischen und freiheitlichen Arbeit entwickelt, die gleichzeitig auch Gruppenbewusstsein schult. Das eine schließt das andere nicht aus. Unsere Erfahrung zeigt, dass die Ähnlichkeit von Schwingungen dazu führt, dass einzelne Menschen für eine gemeinsame Absicht oder Aufgabe zusammenfinden. Letztlich ist es ein Geheimnis, wie sich vier Musiker zusammenfinden und zu den „Beatles" werden oder acht Menschen sich finden, die einen guten Zirkel bilden. Andere wiederum finden sich, aber lösen sich auch wieder schnell voneinander. Es scheint eine Art verborgenes Bewusstsein zu geben, das zur Bildung unterschiedlicher Gruppen führt. Zu welcher Gruppe sich ein Mensch hingezo-

Der tibetische Meister Djwhal Khul.

gen fühlt, gibt Auskunft über seine inneren Bestrebungen. Zieht es mich zu Gruppen, die der Welt helfen wollen oder zu Gruppen, die die Welt künstlerisch verschönern wollen, zeigen sich hierin Tendenzen für die eigene Lebens-Mission. Die Affinität zu bestimmten großen Lehrern der Menschheit, die heute aus dem Jenseits wirken, wird offenbar.

Gruppenbewusstsein

Eine Autorin, in deren Werk die Gruppe und das sogenannte „Gruppenbewusstsein" eine zentrale Stellung einnimmt, ist Alice A. Bailey. Sie wurde von einem tibetischen Meister, der sich Djwhal Khul nennt, zu ihren hochkarätigen Büchern inspiriert. Sie beschäftigt sich darin immer wieder ganz ausführlich mit dem Thema „Gruppenarbeit". Einige ihrer Ansichten halte ich für so interessant für das Thema Zirkelarbeit, dass ich sie an dieser Stelle zitieren möchte:

1. „Ihr müsst unbedingt so weit kommen, dass es euch leicht fällt, euch mit den tiefen Gefühlen der Liebe und des Verstehens aufeinander einzustellen. Ihr müsst die „Haltung der Unpersönlichkeit" so weit entwickeln, dass wenn ein Bruder sich auf eine Schwäche oder Stärke, auf ein fehlerhaftes oder richtiges Verhalten einstellt, dies bei euch nicht die geringste Reaktion hervorruft, die etwa die Harmonie der gemeinsamen, geplanten Gruppenarbeit stören könnte. Ihr müsst eine Liebe in euch wachsen lassen, die immer danach trachten wird, zu bestärken und zu helfen, und ihr müsst die Fähigkeit ausbilden, euch gegenseitig zu ergänzen und zu vervollständigen. Wenn ihr bei einem Bruder eurer Gruppe eine Schwäche entdeckt, so sollte das bei euch nur eine noch tiefere Liebe aufrufen; so sollte euch diese Erkenntnis nun erst recht zu einer neuen, impulsiven Anstrengung veranlassen, seiner Seele noch näher zu kommen. Wird euch die Stärke eines Bruders offenbar, so habt ihr damit einen Hinweis, wohin ihr euch jederzeit um Hilfe hinwenden könnt, wenn ihr selbst in Not seid. Stellt wahrheitsgemäß fest, was ihr empfindet und wahrnehmt, aber schaltet bedachtsam jede Kritik aus. Lasst an die Stelle der Kritik lieber eine – unpersönlich gegebene – Analyse treten.

2. Ihr müsst euch unaufhörlich, unbeirrt und bedachtsam bemühen, eine Gruppenliebe von solcher Stärke zu entwickeln, dass nichts sie zerbrechen kann und keine Schranken sich mehr zwischen euch erheben können. Ihr müsst die Gruppenfähigkeit entwickeln und entfalten, als Einheit zu wirken, so dass es in der inneren Haltung irgendeines Gruppenmitglieds nichts mehr geben wird, was auf den behutsam hergestellten Rhythmus störend einwirken könnte. Denn es ist durchaus möglich, dass ein Mitglied der Gruppe die

> Gedanken zur Zirkelarbeit

Arbeit verzögert und die Gruppe zurückhält, da es zu sehr von seinen eigenen Angelegenheiten und von Gedanken der eigenen Weiterentwicklung in Anspruch genommen ist. Ein erprobter und erfahrener Jünger wird seinen inneren Rhythmus durch eine solche Veränderung nicht stören lassen, ein weniger erfahrener jedoch bedarf einer wirklichen seelischen Wachsamkeit gegenüber der Gefahr, dass die Lebensinteressen von den geistigen Zielen auf persönliche Dinge und Interessen abgelenkt werden.

3. Jede Bemühung einer Gruppe, das Denken eines Einzelmenschen oder einer Gruppe zu beeinflussen, muss hinsichtlich des Motivs und der Methode strengstens überwacht werden. Jedes Bestreben einer Gruppe, die darauf abzielt, in gemeinsamer Anstrengung Veränderungen des Gesichtspunktes, in der Lebensanschauung oder in der Art der Lebensführung herbeizuführen, muss selbstlos bis zum Äußersten sein; sie muss mit höchster Weisheit und behutsam unternommen und freigehalten werden von jeder Betonung der Persönlichkeit, jedem persönlichen und mentalen Druck, der vom Standpunkt individueller Meinung, individueller Vorurteile, Dogmen oder Ideen diktiert ist. In dem Augenblick, wo bei einer Gruppe oder einem Mitglied einer Gruppe auch nur die geringste Tendenz besteht, irgendeine Entscheidung zu erzwingen und einem Einzelnen oder einer Gruppe einen derartigen mentalen Druck aufzuerlegen, dass diese unter dem stürmischen Einfluss anderer Denker hilflos werden, da haben wir schon das, was man „schwarze Magie" nennt. Alles wahre telepathische Wirken dagegen und alle in rechter Weise gelenkten Bemühungen, auf ein Wesen einzuwirken, wird dahin führen, dass dieses Wesen einen kräftigeren Willen zu rechtem Handeln bekommt, dass sein inneres Licht sich verstärkt und sein Körper lebenskräftiger wird. Die ungeheure Macht, die von einer Gruppe ausgehen kann, sollte euch dazu anspornen, die Reinheit des Lebens zu behüten, über Gedanken und Ideen zu wachen und eine tiefe Liebe zu haben, die euch vor jeder Neigung zur Macht schützen wird."
Alice Bailey (Telepathie und der Ätherkörper, S.45-47, Lucis Verlag Genf, 1971)

Wer sich näher mit diesem Thema der spirituellen Gruppenarbeit beschäftigen möchte, dem seien die entsprechenden Bücher von Alice Bailey empfohlen (siehe Anhang).

Loslösung vom Ego
Alice Bailey betont in ihren Abhandlungen über die Gruppenarbeit, dass sich natürlich persönliche Begabungen, psychische Kräfte usw. entwickeln können und werden, die Absicht einer spirituellen Gruppenarbeit aber in einem spirituellen Ziel liegt, nämlich der Entwicklung seelischer Eigenschaften der einzelnen, die eine

Gedanken zur Zirkelarbeit

Übertragung der Impulse aus der geistigen Ebene möglich macht. Das Streben der Gruppe sollte sich am Wunsch orientieren in der Welt hilfreich zu sein. Als wichtige Voraussetzung einer spirituellen Gruppenarbeit nennt sie die Fähigkeit zur „Unpersönlichkeit", was nichts anders heißt als die Fähigkeit sich selbst loslassen zu können, sich von seinem Ego lösen zu können. Unpersönlichkeit hat also nichts mit „Automat", „Trance" oder „leerer Hülle" zu tun, sondern ist ein Bewusstheitszustand. Alice Bailey misst den erreichten Grad von Unpersönlichkeit vor allem an der Beantwortung folgender Fragen:

> • *Reagierst du schneller auf die negativen Eigenschaften deines Gegenübers, als auf seine göttlichen Charakterzüge?*
> • *Wie reagierst du, wenn jemand nicht mit dir übereinstimmt?*
> • *Kannst du deine eigenen Probleme von der mentalen Ebene aus sehen und handhaben?*
> • *Bist du mehr mit deinen eigenen Problemen beschäftigt, als mit den Zielen der Gruppe?*
> Alice Bailey (Jüngerschaft im Neuen Zeitalter, S.82 Lucis Verlag Genf,1974)

Notwendige Eigenschaften für die mediale Arbeit

Über diese Fragen lohnt es sich als Zirkelmitglied nachzudenken. Ihre hohen Anforderungen an die Gruppenarbeit gelten vor allem für diejenigen, die nach einer medialen Arbeit streben. Sie benennt auch konkrete Eigenschaften, die man entwickelt haben sollte, wenn man medial arbeiten möchte:

> „*1. Intuitive Empfänglichkeit für Ideen und Empfindungsfähigkeit (Sensitivität).*
> *2. Schnelle Reaktion auf wirkliche Not. Ich beziehe mich hier nicht auf eine Reaktion des Solarplexus, sondern auf die Erkenntnis des Herzens.*
> *3. Richtige Beobachtung der Wirklichkeit auf der Seelenebene. Dies führt zu rechter mentaler Wahrnehmung, zu Befreiung von Illusion und zu Erleuchtung des Gehirns.*
> *4. Richtige Handhabung von Kraft, was daher ein Verständnis für die Arten und Eigenschaften von Kraft und ihr rechtes schöpferisches Verweben in den Dienst auf der äußeren Ebene erforderlich macht.*
> *5. Ein wahres Verständnis für das Zeitelement, mit seinem zyklischen Steigen und Fallen und für die rechten Zeiten zum Handeln. Eine Fähigkeit, über die man durch den Einsatz geduldigen Wartens und durch Ausschaltung jeglicher Eile Herr werden kann.*"
> Alice Bailey (Jüngerschaft im Neuen Zeitalter S.79, Lucis Verlag Genf, 1974)

Gedanken zur Zirkelarbeit

In einfachen Worten können wir diese Qualitäten benennen als:
- Intuition
- Herzensbildung
- Wirklichkeitssinn
- Wissender Umgang mit Kräften
- Wissen um die rechte Zeit, den rechten Ort.

Sie gibt eine interessante Übung an, die auch im Zirkel das Gruppengefühl voranbringen kann. Diese Übung macht jeder in der Gruppe für sich. Sie muss nicht unbedingt in der Gruppe veröffentlicht werden. Das kann sehr privat und persönlich bleiben. Jeder lässt sich von jedem einzelnen Zirkelmitglied einmal zu folgenden Fragen inspirieren und es ist gut, das in schriftlicher Form zu tun:

- Was vervollständigt der andere in mir?
- Welche Gabe und Kraft kann er mir geben?
- Welche seiner Qualitäten kann mich inspirieren?
- Mit welchem Teil seines Schattens komme ich leicht in Resonanz und welche Lehre ziehe ich daraus für mich selbst?

II. Teil

Philosophie des Zirkels

1. Der Kreis als Symbol

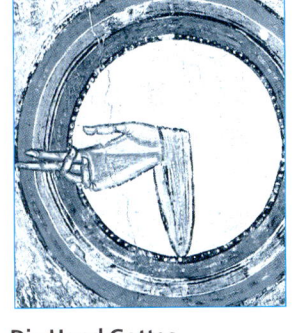

Beschäftigt man sich intensiv mit der Zirkelarbeit, so kommt man um eine Kontemplation des Wesens „Kreis" nicht herum. Sie führt von der relativ einfachen Praxis der Zirkelarbeit mitten hinein in den tieferen, geistigen Sinn des Zirkels und eröffnet uns eine Dimension des größeren Lebens, das durch uns hindurchfließt.

*„Für Zen bedeutet der Kreis Erleuchtung.
Er symbolisiert die menschliche Vollkommenheit."*
(eine Zen-Weisheit)

Die Hand Gottes
Aus einem Fresko des 13. Jahrhunderts.

Den Kreis in seinen unterschiedlichen Gesichtspunkten darstellen zu wollen, würde den Rahmen des Buches sprengen. Aber ich möchte doch abrissartig auf einige wichtige Aspekte hinweisen, weil sie uns die Dimensionen unserer Zirkelarbeit, der Arbeit im Kreis, bewusster machen können.

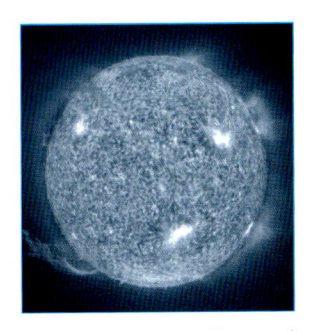

1.1 Der Kreis als Symbol der Schöpfung

Der Kreis ist seit Urzeiten das Symbol für die Ganzheit und Einheit allen Seins. Aus dem leeren Kreis ging alles Leben hervor und dorthin kehrt es auch wieder zurück.

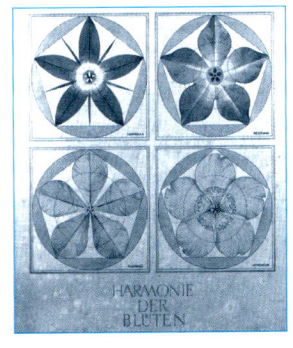

Die Sonne – Wandler und Erneuerer von Energie.

Der Kreis verbindet alles, schließt alles in sich ein und erneuert alles. Der kreisförmige Gang der Sonne durch das Jahr offenbart in seinen sich stets wiederholenden Stufen von Entstehen – Werden – Vergehen das Leben der Natur. Daher war die Drehung des Sonnenrades immer auch ein Abbild des fortwährenden Wirkens des Göttlichen, sein bindendes Wort vom ewigen Leben gegenüber den Menschen. Im Wandel erzeugt und erneuert die Sonne alle Energie und erhält so die Schöpfung. Die Wesen, die am engsten mit dem Licht

Harmonie der Blüten

Der Kreis als Symbol

verbunden sind, sind die Pflanzen. Daher spielt der Kreis für die Form der Blumenblüten wohl eine so wichtige Rolle.

Aber nicht nur die Sonne beschreibt für das menschliche Auge einen kreisförmigen Lauf am Horizont, ebenfalls drehen sich Planeten und Tierkreiszeichen am Firmament, so dass uns Menschen manchmal der Kosmos als ein riesiges Räderwerk erscheint, ähnlich jenem einer Uhr. Die Schöpfung scheint aus Kreisen zu bestehen, die sich ineinander vernetzen. Auch die Mandalas der östlichen Religionen, in denen vor allem der Kreis eine bestimmende geometrische Form ist, sind Darstellungen der Schöpfung und der eigenen, individuellen Wirklichkeit, zu deren Sinn man Zugang über die Meditation bekommt.

Der Kreis ist die bestimmende Form im Mandala.

Tierkreis aus einer mittelalterlichen Handschrift.

Der kreisförmige Lauf der Sonne

Der für das Leben auf der Erde entscheidende Stern ist und bleibt die Sonne, denn nur sie allein gibt Energie, Wärme und Licht, so dass menschliches Leben möglich wird. Daher hatte die Sonne in allen Hochkulturen eine zentrale Stellung. Kreis- und Rundtänze zeichneten den Sonnenlauf nach und sollten dem Menschen die Sonnenkraft auf symbolische Weise erschließen. Auch die Ballspiele sind aus dem Sonnenkult hervorgegangen. Nicht zuletzt ist wohl die wesentlichste Erfindung des Menschen, das Rad, eine Kreisform. Wenn Menschen im guten Sinne zusammenkamen, wenn es um Gemeinschaft und Beratung ging, saß man im Kreis zusammen, in dessen Mitte meist ein Feuer loderte. Das Feuer gilt als Sohn der Sonne.

Der Kreis als Symbol

Doch die Sonne allein könnte das Leben nicht schaffen. Sie braucht ein Pendant, nämlich die Mondkraft. Die Mondgöttin gilt als Vertreterin des Wasserelementes. Und so steckt im kugelförmigen Wassertropfen ebenfalls eine kosmische schöpferische Kraft. Ermöglicht die Kraft der Sonne die Zeugung, so ermöglicht Wasser das Wachstum, die Vermehrung von Leben. „Wasser ist Leben!", sagen wir Menschen. Dass im Wasser noch viel mehr steckt, hat die moderne Wasserforschung herausgefunden, angeregt von so brillanten Forschern wie Hans Jenny oder Masaru Emoto. Die Fotografien von Tropfen und Fließeigenschaften des Wassers haben uns den Blick in eine neue und doch eigentlich uralt bekannte Welt eröffnet. Manche der Aufnahmen von sogenannten „Wasserklangbildern" gleichen den Mandalas und Formen, wie sie in Indien und Tibet seit alters her verwendet werden oder auch in der keltischen Kultur zu finden sind.

Kosmologische Sicht der Entwicklung der Welt

Die Entwicklung der Welt aus kosmologischer Sicht wird in den alten Schriften anhand der Symbolik des Kreises dargestellt. Diese Symbolik hat ihre Gültigkeit für alle energetischen Prozesse, ist eine Art „Muster", das sich in allem Leben wiederholt. Es ist gültig für das Sonnensystem, die Natur, den Menschen und auch für die Gruppendynamik, das heißt auch für den Zirkel. Im Folgenden stelle ich die verschiedenen Entwicklungsstufen der Gruppenenergie anhand dieser kosmologischen Symbolik dar.

Fließkontur im Tropfen.

Keltisches Ornament.

Kreisformen

1. Der leere Kreis war stets ein Symbol des Uranfangs, des Ewigen und der Ganzheit. Die Schöpfung hat noch nicht stattgefunden, das Göttliche sich noch nicht offenbart. Es ist der Kreis der Leere, des Dunklen. Meist wurde er als Schlange abgebildet, die sich in den Schwanz beißt (Ouroboros) oder auch als zwei Schlangen, die

Der Kreis als Symbol

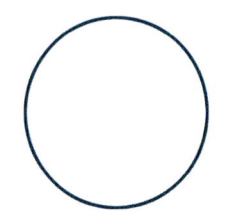

Der leere Kreis

sich gegenseitig verschlingen. Der leere Kreis symbolisiert den Urbeginn der Schöpfung, als alles seinen Anfang nahm, symbolisiert aber auch die Vollendung der Schöpfung und die Rückkehr zum göttlichen Geist. Somit ist der Kreis das A und O.

In der Gruppenarbeit steht der Kreis, der aus vielen einzelnen Punkten sich auch zusammensetzen ließe, für die Offenheit des Beginns. Es besteht eine Absicht der Mitglieder, die Arbeit aufzunehmen und wir können dies als Einschwingvorgang bezeichnen. Es findet eine Angleichung und Harmonisierung der unterschiedlichen Energien der einzelnen Mitglieder statt und damit beginnt der Aufbau eines Energiekreises oder Energiefeldes. Noch sind es die einzelnen Ichs, mit all ihren persönlichen Licht- und Schattenseiten, die dieses Werk beginnen und es fordert ein hartes Stück Arbeit für jeden sein Ich so zu schleifen, dass es später als „Schmuckstein in die Krone des Zirkels" passt. Wer schon in einem Zirkel sitzt, kennt diese problematische Anfangszeit, in der Ego auf Ego trifft. Für mich ist dies immer noch ein offener Zirkel, denn offen ist der leere Kreis und offen ist der Ausgang dieser Arbeit. Mancher wird vielleicht wieder Abstand nehmen davon und so wird sich der Zirkel so lange verändern, bis die nächste Stufe erreicht ist. Irgendwann wird der Zirkel diesen Zustand des leeren Kreises auf höherer Ebene wiederfinden, wenn nämlich der Kontakt zur geistigen Welt etabliert ist.

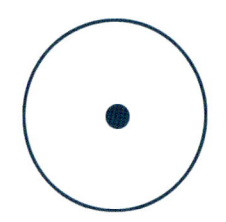

Der Kreis mit Mittelpunkt.

2. Der Kreis mit Mittelpunkt
In der Kosmologie steht dieses Symbol für die Sonne, das Auge Gottes und den festen Willen oder die Absicht des Göttlichen zur Offenbarung und Schöpfung. Er steht für die Konzentration der Energie, für das Finden eines Mittelpunktes, für die Erhöhung des Energiepegels. Für mich ist es ein Symbol des geschlossenen Zirkels. Die Gruppe hat zusammengefunden, hat ein gemeinsames Ziel, eine gemeinsame Absicht, was die Energien fokussiert und konzentriert. Das Au-

ge der geistigen Welt beobachtet diesen Energiebrennpunkt, der entsteht, wenn Menschen in einem Geiste zusammenkommen.

3. Der Kreis und die Waagrechte

Der göttliche Schöpfungswille teilt die Welt in ein Oben und Unten, scheidet Himmel und Wasser oder Himmel und Erde. Es entsteht jener Aspekt des Göttlichen, den wir Raum nennen. Raum ist keine abstrakte Größe, sondern eine Wesenheit, die auch als Äther-ebene bezeichnet wird. In diesem Raum findet ein Austausch statt, ein Geben und Nehmen, ein Senden und Empfangen. Der Himmel befruchtet die Erde und die Erde spendet reiche Blüte und Frucht, so wie es das Symbol des geteilten Kreises zeigt. Noch befinden sich die Teilnehmer in einem Zustand, in dem ihr Verstand die Welt trennt, – in eine geistige Welt dort oben und eine irdische hier unten.

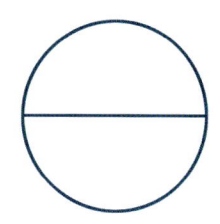

Der Kreis und die Waagrechte.

4. Der Kreis und die Senkrechte

Die Senkrechte teilt den Kreis in ein Vorher und ein Nachher, ein Vorne und ein Hinten und ist somit Symbol der Zeit. Steht die Sonne auf dem Höhepunkt des Kreises, so fällt der Sonnenstrahl als Senkrechte ein. Hier verbinden sich Sonnenhöchststand, also die Sommersonnwende, und ihr Tiefststand, dem Punkt der Wintersonnwende. Das Jahr wendet sich an diesen Stellen entweder aufwärts oder abwärts. Dies wird in einem Symbol dargestellt, das auch als die „Fußspur" Gottes galt. Gleichzeitig war es Zeichen der Medialität und Seherschaft, bezeichnete es doch den Kontakt zwischen dem Höchsten und Niedersten, dem Göttlichen und dem Menschen. Im Zirkel bemühen wir uns einen Kontakt zur geistigen Welt aufzubauen, eine Anbindung an das Göttliche zu erreichen. Die Senkrechte versinnbildlicht die Brücke, die wir erschaffen, so dass eine Kommunikation zwischen der Welt der Seelen und unserer Welt möglich wird. Die Mitglieder des Zirkels werden zu einer Art „Antennen" für die geistige Welt.

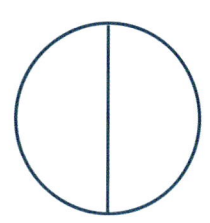

Der Kreis und die Senkrechte.

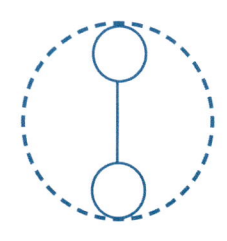

Die „Fußspur Gottes"

Der Kreis als Symbol

Kreis mit Kreuz.

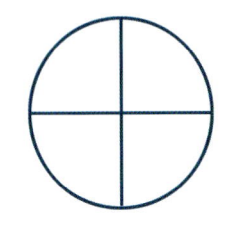

5. Kreis mit Kreuz
Dieses Symbol zeigt die Erdkugel, die Manifestation der göttlichen Schöpfung in der Materie. Es ist die Offenbarung der kosmischen Kraft als Substanz und konkrete Form. Der Mensch wurde ebenfalls mit dem Symbol des Kreuzes verbunden, denn seine Aufgabe ist es Raum und Zeit zu durchschreiten, um Bewusstsein zu formen. Die vier Himmelsrichtungen bilden die Achse des Kreises, sind Symbole einer umfassenden, seelischen Weltorientierung. Vier Funktionen des Bewusstseins sind es daher, die nach östlicher Lehre dem Menschen zur Verfügung stehen, um den Eindrücken des Lebens zu begegnen, nämlich: Denken, Fühlen, Intuition und Empfinden.

Im Zirkel entwickeln wir ebenfalls aus diesen Funktionen eine erweiterte Wahrnehmung. Der Kreis mit dem eingeschriebenen Kreuz entspricht der Stufe des Zirkels, wenn über langes Üben die Kraft des Zirkels zu einer Einheit verschmolzen ist und er zum mächtigen Brennpunkt der Energien wird. Jetzt kann die geistige Welt diese Energie nutzen und das offenbaren, was zum Wohle der Entwicklung ist.

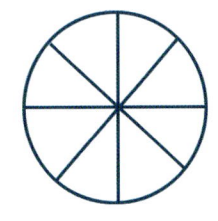

Kreis mit Rad

6. Kreis mit Rad
Das Sonnenrad, auf der ganzen Welt auch als Zeichen der Svastika zu finden, zeigt die Kraft in Bewegung. Wandel und Evolution entstehen daraus. Durch stetes Üben und Arbeiten im Zirkel erhalten wir das Rad in seiner Drehung, wodurch sich die Energien und Kräfte weiter vermehren und ausstrahlen. Das Rad ist auch frühes Symbol des Welten- und Lebensbaumes, welches anzeigt, dass der Zirkel zu einer unerschöpflichen Quelle von Energien wird, zum Anziehungspunkt für andere Menschen, auf ihrem Weg der Suche nach Rat und Heilung.

Der Kreis in der Magie und Alchemie

1.1 Der Kreis in der Magie und Alchemie

Ein bekanntes Bild der Magie ist natürlich die Hellseherin mit ihrer Kristallkugel. Sowohl der Kristall als Stein wie auch die Kugel waren Symbole der Ganzheit, des innewohnenden Geistes und der Vereinigung der Gegensätze. Wer in diese Ganzheit seinen Blick versenkt, dem lösen sich Zeit und Raum auf und der sieht alles.

Der Kreis diente ebenfalls stets als Eingrenzung eines magischen Ortes und wurde früher auch bei Stadtplanungen (z.B. Rom) verwendet. Wir ziehen auch heute noch einen Kreis, um das zu beschreiben, was dazugehört und was nicht. Ein Kreis kann ab- und ausschließen. Wir kennen aus unserer Kindheit dieses Gefühl, wenn wir von einer Gruppe ausgeschlossen wurden, wir nicht dazugehören durften. Da erfuhren wir die Macht des Kreises, denn wir wollten ja unbedingt dazugehören. Somit besitzt ein fester Kreis Magie. Gleichzeitig ist der Kreis aber auch einschließend, wirkt Energie speichernd und konzentrierend, die sich sonst verflüchtigen würde. Somit bietet ein Kreis den Mitgliedern Schutz und Geborgenheit, wird zum „Bannkreis" gegen Dämonen und andere schädliche Einflüsse von außen, stärkt aber gleichzeitig die Energie der im Kreis Befindlichen. Im Außen ist das Chaos, das Unberechenbare, während im Kreis stets eine Ordnung herrscht. In magischen Ritualen spielt der Kreis bis heute eine wichtige Rolle. Man findet ihn daher meist auch bei Abbildungen von Zauberbeschwörungen.

Magischer Kreis bei einer Beschwörung.

Der Kreis in der Magie und Alchemie

Binde- und Schutzkraft des Kreises

Diese Binde- und Schutzkraft eines Kreises spielt für den Zirkel sicherlich eine Rolle. Negative, zersetzende Energien und Störungen sollen abgehalten werden. Gleichzeitig hilft der Kreis sich auf das gemeinsame Ziel zu konzentrieren. Er vermittelt Wohlgefühl, aus dem Neues wachsen kann.

Auch in der Alchemie besitzen Kreise eine wichtige Bedeutung, stehen für Kreislauf und Wandlung. Zirkelarbeit und Alchemie stehen sich überhaupt sehr nahe, denn beide versuchen über Verwandlung eine Erhöhung oder Veredelung der Energie herbeizuführen. Im bauchigen Gefäß findet über Wärmezufuhr die Transmutation eines Ausgangsstoffes, einer Ursubstanz, statt. Aus dem Kreisrunden, dem Bauch, als Bild der Schwangerschaft, entspringt das neue Leben. Der Zirkel gleicht in seiner Aufgabe durchaus einem solchen „bauchigen Gefäß", wie es in der Alchemie Verwendung findet. Durch die Zirkelarbeit werden Energien verwandelt, transmutiert und transzendiert, so dass daraus etwas Neues entsteht, das sich auf einem höheren Energieniveau befindet.

Der Kreis in der Alchemie.

2. Die drei großen Kräfte des Zirkels

„Der Himmel ist unsichtbar und zeugt. Was der Himmel gibt, ist nur die Zeit. Die Erde ist sichtbar und gestaltet. Wenn die Erde dem Himmel nicht entgegenkommt, bleibt der Feldbau am Boden liegen. Die Vereinigung von Himmel und Erde ist der große Weg zu allem Entstehen.
Wenn die Einzelwesen sich vereinigen, zeugen sie; trennen sie sich wieder, so erfolgt die Geburt. Wer die Vereinigung erkennt, kennt das Gesetz der Zeugung; wer die Trennung versteht, kennt das Gesetz der Geburt; dann befinden sich Himmel und Erde im Gleichgewicht. In diesem Gleichgewichtszustand entspricht alles seiner eigentlichen Natur und zeigt seine eigentliche Gestalt."
Aus: Frühling und Herbst des Lü Bu We (S.157, Eugen Diederichs Verlag, Düsseldorf, 1979)

Der Kreis gilt seit Urzeiten als Symbol für die Schöpfung. Er verkörpert die Einheit, die Gemeinschaft, das Ganze und der individuelle Mensch ist dessen konzentrierteste Form: der Punkt. Erweitert der Mensch diesen Punkt zum Umkreis, so erreicht er ein höheres Bewusstsein. In und durch den Kreis findet jegliche Entwicklung statt, wie der Lauf der Sonne durch den Jahreskreis zeigt. Das Sonnenjahr ist ein räumlicher und zeitlicher Vorgang, der Energien umsetzt. Der Kreis dient somit auch der Darstellung von Raum und Zeit.

Im Steinkreis kommen drei Faktoren zusammen, die gleichfalls für die Zirkelarbeit von größter Bedeutung sind. Der Steinkreis ist ein umgrenzter Ort, ein Raum. Gleichzeitig wird durch seine Säulen Zeitmessung möglich. Die Menschen wiederum nutzen die Energien eines solchen Kreises.

---

1. Die Zeit – Bewegung, Offenbarung, Wachstum
Der Zirkel findet zu einem festgelegten, sich stets wiederholenden Zeitpunkt in der Woche statt, hat also einen festen Rhythmus. Zeit und Bewegung sind jene Faktoren, die Dinge offenbaren, die sonst den Sinnen verborgen sind.
2. Der Raum – Kraftfeld, Möglichkeit des Wirkens
Der Zirkel trifft sich stets im gleichen Raum, der sozusagen zum Träger oder Behälter der Energie wird.
3. Die Menschen – Bewusstsein, Wahrnehmung, Kreativität
Es trifft sich immer der gleiche Kreis von Menschen, aus deren einzelnen Energiemustern sich die Zirkelenergie bildet.

> Die drei großen Kräfte des Zirkels

Die Megalithen von Avebury, ein keltischer Steinkreis.

Wahrnehmung von Raum und Zeit

Raum und Zeit sind Wesenskräfte. Sie offenbaren das Göttliche und wir leben in ihnen. Sie lassen sich nicht zerstören. Es gibt an sich auch keinen leeren Raum, sondern nur einen Raum, der im Moment nicht benutzt wird. Raum und Zeit existieren unabhängig von Objekten, wenngleich Objekte und deren Bewegung sie erst für uns sinnlich erfahrbar machen.

Unsere Sinne filtern aus Raum und Zeit das an Wahrnehmung heraus, was unserer kollektiven und persönlichen Prägung entspricht. Nur das erleben wir als Realität. Erzählt ein Aborigine (Ureinwohner Australiens) von seinem völlig anderen Zeiterleben, so ist das für uns nicht ohne weiteres nachvollziehbar. Erst wenn wir uns in die gleiche Innenwelt begeben, erschließt sich uns dessen Erleben. Unser Bewusstsein hat also großen Anteil daran, wie wir Zeit und Raum erleben. Wir wissen aus eigener Erfahrung, wie verschieden sich die Qualität von Zeit und Raum anfühlen kann. Es gibt Situationen, da scheint die Zeit nur so zu verfliegen, ein andermal vergeht sie kaum. Ein und derselbe Raum wirkt manchmal groß und weit, dann wieder scheint einem die Decke auf den Kopf zu fallen.

Die drei großen Kräfte des Zirkels

Kulturelle Unterschiede

Andere Kulturen haben teilweise ein anderes Zeit- und Raumverständnis hervorgebracht, das uns zunächst einmal fremd erscheint. Ich denke dabei gerade an eine wunderbare Szene aus dem Film „Reise nach Indien": Ein indischer Professor, wunderbar gespielt von Alec Guiness, und ein englischer Lehrer werden zu einem Ausflug eingeladen. Der Zug sollte früh am Morgen abfahren. Der Inder bietet an, den Engländer morgens abzuholen. Natürlich kommt der Inder völlig verspätet zum verabredeten Treffpunkt, wo der Engländer schon nervös wartet. Er hätte sich durch die Meditation etwas verspätet, meinte der Inder lächelnd und völlig gelassen. Der Engländer mahnt zur Eile, ohne großen Erfolg. Und plötzlich senkt sich die Bahnschranke und ihr Zug fährt ohne sie ab. Der Engländer versucht hinterher zu rennen, während der Inder die Hände faltet und von Karma spricht.

An vielen Stellen in diesem Film treffen zwei recht unterschiedliche Vorstellungen von Realität, also von Zeit und Raum, aufeinander. Die traditionelle indische Kultur hat eine Zeitvorstellung, die sich nicht nach einem Pendel richtet, sondern die Zeit orientiert sich am Geschehen. Das bedeutet: Wenn jemand eintrifft, dann ist es die richtige Zeit. Was in diesem Leben nicht passiert, wird vielleicht im nächsten oder übernächsten möglich. Wir im Westen haben scheinbar viel weniger Zeit und müssen alles in einem Leben „reißen", weshalb wir Effizienz und Fortschritt, also Bewegung fordern. Warten ist nicht effizient, denn nichts bewegt sich im Warten. Unsere Art so zu denken, unsere Vorstellung von Raum und Zeit bilden denn auch eine große Hürde, wenn wir uns auf den spirituellen Weg begeben. Wollen wir in die Zirkelarbeit einsteigen, so müssen wir uns auch mit unserer Vorstellung von Raum und Zeit auseinandersetzen.

„Raum und Zeit sind Realitäten der objektiven Welt. Wenn wir aber in die Region des Bewusst-

Die „Traumzeit" der Aborigines offenbart die kulturelle Verschiedenartigkeit von Zeitverständnis.

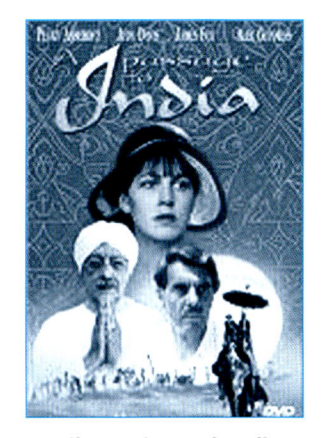

Im Film „Reise nach Indien" zeigt sich der Ost-West-Gegensatz im jeweiligen Zeitempfinden.

seins eintreten, ist es nur zu natürlich, dass das spekulative Denken diese zu transzendieren versucht. Wenn unser Denken sich nach Innen richtet, dann verliert es den Kontakt zur Objekt- und Formwelt, die ja unser Bewusstsein und seinen Ausdruck eingrenzen."
(Constructive Spiritualism, W. H. Evans, The Two World's Publishing, Manchester 1917, S.76)

Das Raum- und Zeitgefüge verlassen

Indem wir unser Denken auf das Geistige richten und die Welt der irdischen, begrenzten Gegebenheiten verlassen, verabschieden wir uns auch vom Modell des Raum- und Zeitgefüges. Es sind die drei mächtigen Faktoren Raum-Zeit-Mensch, die es richtig zu verstehen gilt, um die Zirkelarbeit in ihrer ganzen weiten Dimension ermessen und entwickeln zu können. Alle medialen Fähigkeiten oder Möglichkeiten beruhen auf diesen drei Faktoren. Nur wer Zeit nicht ausschließlich linear erlebt, sondern als ewiges Kreisen oder strömenden Rhythmus, nur wer Raum nicht als tote Materie, sondern als lebendiges Wesen erlebt, kann Medialität und Zirkelarbeit richtig verstehen.

Im Folgenden möchte ich deshalb diese drei Faktoren im Hinblick auf die sensitive Arbeit näher beleuchten. An dieser Stelle kann ich jedoch allenfalls einen Einblick in diese riesigen, oftmals auch kontrovers diskutierten Themen geben. Ich habe versucht allein das an Gedanken zu berücksichtigen, was für die Zirkel-Arbeit von Interesse sein kann. Weiterführende Literatur zu diesen Themen findet sich im Anhang.

2.1 Das Wesen der Zeit

Kraft des Wachstums und der Entwicklung

„Bewegung, Wachstum und Veränderung sind Qualitäten der Zeit. Da der Zirkel ein Ort des Wachstums ist, arbeitet er mit den Kräften der Zeit."

Harald Knauss

„Während Yang, das Schöpferische, im Unsichtbaren wirkt und sein Feld, der Geist, die Zeit ist, wirkt das Empfangende (Yin) im räumlich verteilten Stoff und vollendet die fertigen, räumlichen Dinge. Die Zeit macht, so gesehen, alles, was nur potenziell war, wirklich."

Marie-Louise von Franz (1915-1998)

Marie-Louise von Franz

„Verändern wir unseren Bewusstseinszustand, ändert sich damit auch unser Zeitbewusstsein."

William Bryant

Was ist Zeit, was ist Raum?

Zeit an sich, als konkretes Wesen, ist für uns überhaupt nicht vorstellbar, genauso wenig wie Raum an sich. Erst das Objekt, das Raum mittels Abgrenzung einnimmt, ermöglicht uns eine Vorstellung von Raum, so wie die Bewegung dieses Objektes im Verhältnis zu anderen Objekten unseren Sinnen ein Zeiterlebnis vermittelt. Es ist der Gang der Sonne, das Verhältnis von Licht und Schatten, das Weg in Längen abschreitet und damit Zeit misst. Am Sonnenstand haben die Menschen zuerst ihre Vorstellung von Zeit festgemacht. Eng mit dem Sonnenlauf verbunden ist das Wesen der Pflanzen. Sie sind somit vor allem Wesen der Zeit und ihre äußerliche Veränderung gibt uns die Möglichkeit Zeit zu erfahren.

Wenn Pflanzen, bis auf wenige Ausnahmen, kein Grün tragen, sich auf ihre Wurzel zurückziehen, so nennen wir das die Zeit des Winters. Wenn ihre ersten Blätter treiben, verbinden unsere Sinne dies in der Kombination mit anderen Eindrücken wie z.B. der Temperatur, mit dem, was wir Frühling nennen. In der Pflanze können wir also jene Art Zeit erleben, deren Qualitäten vor allem in Werden und Vergehen bestehen. Zeiterleben besteht für unseren Verstand in einem Nacheinander, in einer linearen Abfolge, was die Pflanze uns zeigt. Aber gleichzeitig beinhaltet die

Das Wesen der Zeit

Pflanze ebenfalls eine andere Art der Zeit, nämlich eine kreisförmige, zyklische. Sie stirbt zwar im Herbst, geht in die Erde ein, wird aber im Frühling wiedergeboren. Das Denken unserer Vorfahren war durch ihre enge Anbindung an die Natur stark von diesen beiden Zeitvorstellungen geprägt.

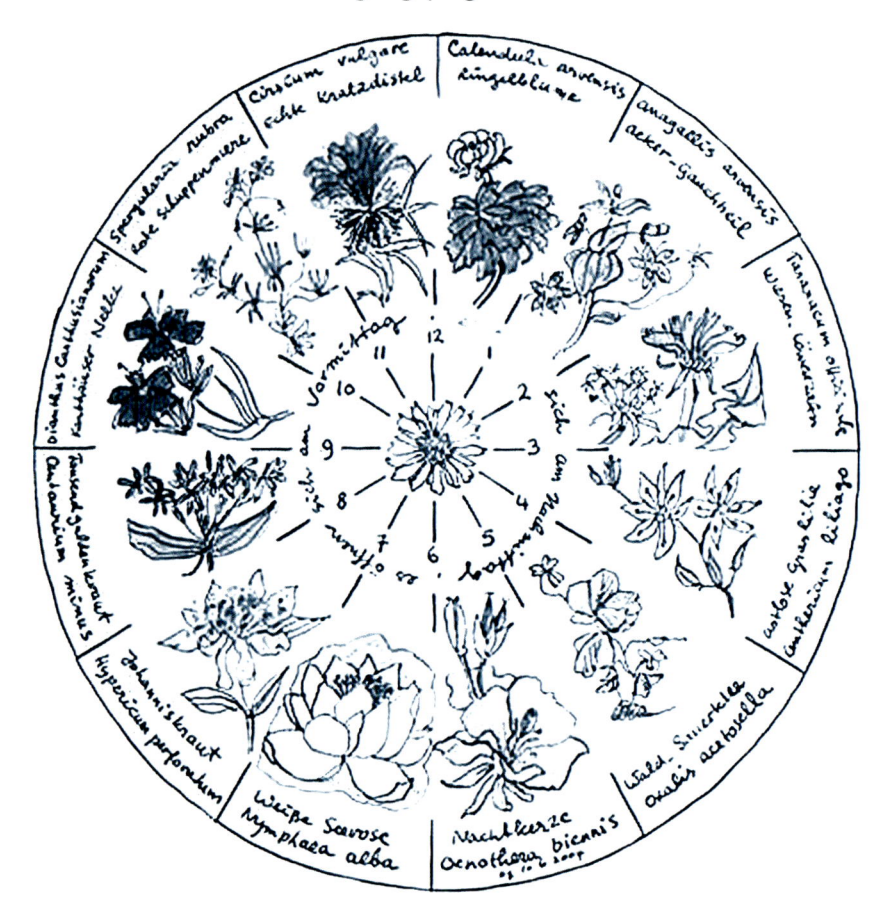

Die Blumenuhr nach Carl Linné.

Lineare, zirkuläre und zyklische Zeit

Heute ist uns im Westen vor allem die lineare Zeitvorstellung erhalten geblieben. Unser Verstand, der linear, deduktiv und analytisch arbeitet, teilt die Zeit und misst sie ab. Auf diese Weise füllen wir in unserer westlichen Welt Stunde um Stunde unseres Terminkalenders, reißen jeden Tag ein Kalenderblatt ab, wissend, dass wir mit jedem Tag dem Tod näher rücken. Wir kommen irgendwoher, sind für einen Moment da, aber streben schon weiter dem nächsten zu. Diese Art Zeit zu erleben ist die lineare Form der Zeit. Sie spannt sich für uns vor allem zwischen dem Anfangspunkt, der Geburt, und dem Endpunkt, dem Tod. Im Linearen sind wir nur partiell anwesend, je nach Blickrichtung. Wir betrachten unser Leben stets von dem Punkt aus, an dem wir gerade stehen. Von der vorgeburtlichen Zeit wissen wir meist nichts, auch von der frühen Kindheit wenig, nur etwas von der näheren Vergangenheit. Von der wirklichen Zukunft sehen wir fast nichts. Gleichzeitig sortieren wir alle eingehenden Wahrnehmungen nach den Werten und Mustern, die wir erfahren möchten. Wir erleben also stets nur einen Teilausschnitt der ganzen Wirklichkeit, wie sie in einem Moment ist. Vieles blenden wir aus. Nur partiell anwesend sein bedeutet also, dass der Verstand aus den Wahrnehmungen das herausfiltert, was uns unlieb oder schmerzhaft ist. Er ist wie ein Regisseur, der unseren Film zusammenschneidert.

In anderen Kulturen gibt es auch andere Zeitvorstellungen. Besonders deutlich wird dies gerade im fernöstlichen Denken. Dort gibt es die Vorstellung einer zirkulären Zeit, die in jedem Augenblick das Ganze beinhaltet. Die Inder bezeichnen die Zeit als Rad. Wer sich auf den Speichen und dem Umkreis bewegt, der befindet sich in der linearen Zeit, der Zeit des Nacheinander. Sie nennen dies auch das „Rad der Illusion", weil es uns das Gefühl vermittelt, es geht stetig voran, dabei zeigt es in variierter Form lediglich die stete Wiederkehr des Ähnlichen. Nur wer sich in der Nabe des Rades befindet, dem erschließt sich eine andere, ewige Zeit, eben die zirkuläre Zeit. Das ganze Universum befindet sich in diesem Punkt und zu jedem Augenblick ist der Mensch darin ganz und vollkommen.

Bestimmt von unserem westlichen Zeitmessinstrument, der Uhr, empfinden wir Menschen mit einer zirkulären Zeitvorstellung oftmals als überaus unpünktlich. Diese hingegen sind überzeugt, genau zum richtigen Zeitpunkt zu kommen, im Sinne einer inneren Notwendigkeit und nicht einer äußeren. „Zeit" als Faktor festmachen zu wollen, ist ein unmögliches Unterfangen, denn sie ist ein Wesen. Zudem unterliegen

Rad der Zeit = Kalachakra (Sanskrit) ist das Symbol für die Zyklen des Lebens. Zeit und Raum sind miteinander verwoben, die acht Speichen des Rades markieren die Richtungen, von denen eine jede von einer eigenen Gottheit regiert ist und eine besondere Qualität verkörpert.

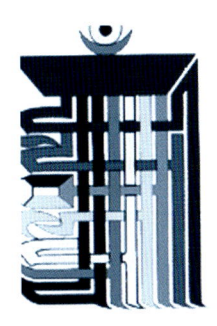

Das Kalachakra Mantra besteht aus zehn Silben, die unter anderem die vier Elemente Luft, Feuer, Erde, Wasser u.a. repräsentieren. Die Beziehungen der Silben untereinander erklären nach buddhistischer Sicht das Funktionieren der inneren und äußeren Welt. Das abgebildete Schriftzeichen stellt diese zehn Silben dar.

Das Wesen der Zeit

wir den Zyklen in der Natur und auch unser Körper ist an solche gebunden. Deshalb gibt es noch ein drittes, nämlich das zyklische oder rhythmische Zeiterleben.

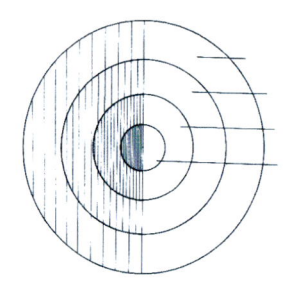

Die Zeitkreise des Plato

Die drei Zeitringe in der griechischen Philosophie

Nach Ansicht der griechischen Philosophen gibt es drei „Zeitringe", die sich überlagern. Diese werden in den drei Moiren dargestellt. Klotho sitzt am Spinnrad (Symbol des Kreisens), Lachesis zeigt auf den Globus (Symbol der Zyklen) und Atropos zeigt die Stunde der Sonnenuhr (Symbol des Messbaren). Die drei Moiren symbolisieren die drei Zeitringe, die sich gegenseitig durchdringen und das Kontinuum des Seins garantieren.

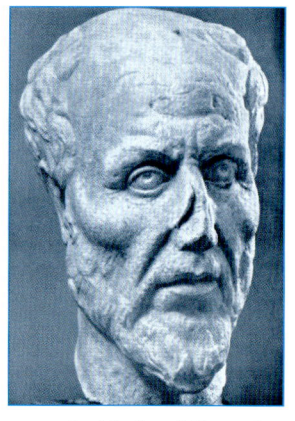

Der griechische Philosoph Plotinus.

> **Atropos** – die persönliche Zeit, Lebenszeit, persönliches Bewusstsein.
> **Lachesis** – die Welt- oder Erdenzeit, globales Bewusstsein.
> **Klotho** – kosmische Zeit, Zeit des Sonnensystems, spirituelles Bewusstsein.

Die drei Moiren (Atropos, Lachesis, Klotho), Teil eines Gemäldes von John Studwick, 1885

Plato geht sogar noch weiter. Nach seiner Vorstellung gibt es mehrere Zeitkreise oder Zeitwirklichkeiten, die sich ineinander unterschiedlich schnell drehen.

Den äußersten Ring nennt Plato die „Ich-Zeit", da sie unserem irdischen Ich wahrnehmbar ist. Dieser Kreis dreht sich laut Plato am schnellsten. Der darunter liegende Kreis, die „aeonische Zeit", die heute auch als Platonisches Jahr oder Sonnenjahr bezeichnet wird, dreht sich schon viel langsamer. Dann folgt jener Zeitkreis, den er als „Illud Tempus" bezeichnet. Das ist jener Moment der Schöpfung, in der Nicht-Zeit und Zeit aufeinandertreffen, also eine Zeit vor der Schöpfung. In der Mitte liegt dann das zeitlose, ewige Zentrum des Göttlichen. Es ist jene Leere, die doch ewig voll ist und aus der nach dem Tao alles kommt. Von diesem Modell ausgehend, beschreibt Plotinus (205-270 n.Chr.) die Zeit als Bewegung und Werk des Göttlichen:

> *„Zeit ist das Leben der universalen Seele, wie es sich in der Bewegung zeigt, mithilfe der sie von einem Werk zum nächsten geht. Ihr fortwährender Lauf setzt sich zusammen aus gleichen, uniformen und unmerklichen Veränderungen. Das Universum existiert in der Zeit und daher in der Seele. So präsentiert Zeit, die eine Einheit ist vermittels ihrer Kontinuität, ein Bild von der Einheit des Ewigen."*

Plotinus (aus: Constructive Spiritualism, W. H. Evans, The Two world's publishing, Manchester, 1917)

Mysterium Zeit

Zeit bleibt ein Mysterium für uns, denn wir sind in ihrer Wahrnehmung vorwiegend auf unser Auge angewiesen. Ist eine Bildfolge sehr langsam, so vermittelt sie uns den Eindruck von Unveränderlichkeit oder sogar ewiger Dauer. Das Wachstum eines Baumes und noch vielmehr das Wachstum eines Steines ist so langsam, dass unser Auge es nicht wahrnehmen kann. Daher scheinen beide relativ unveränderlich für uns. Erst über lange Intervalle können wir eine Veränderung wahrnehmen. Es gibt aber auch Bewegungen, die zu schnell sind, als dass unser Auge sie erfassen könnte. Eine Vielzahl an Wahrnehmungen von Zeit bleibt uns Menschen daher verschlossen, vielen Tieren hingegen stehen sie offen. Was letztendlich Zeiterleben im Menschen und vor allem auch in Tieren ausmacht, ist nach wie vor ein Gebiet mit vielen Fragezeichen. Bedeutsam scheint nach Alfred Portmann für alle menschlichen Sinne, dass es eine Schwelle der Wahrnehmung bei 18 Reizen pro Sekunde gibt. 16-18 Bilder pro Sekunde geben uns über das Auge von der Welt einen fließenden Eindruck, ab 18 Reizen pro Sekunde beginnen wir Töne zu hören, darunter verspüren wir nur einen Lufthauch. Für das Erleben von zeitlich geordnetem Geschehen scheint also eine zentrale Apparatur nötig, deren Arbeitsrhythmus eben diesen 1/18 Sekunden oder 18 Reizeindrücken pro Sekunde entspricht. Diese Einheit ließe sich als „Moment" bezeichnen. Dämpfende oder erregende Gifte können

Das Wesen der Zeit

nun das Erleben eines solchen Momentes total verändern, womit das Zeiterleben ein anderes wird.
Aber auch Tiere erleben solche Momente anders, denn eine Schnecke erhält 4 Reizeindrücke pro Sekunde, während ein Kampffisch 30 Reizeinheiten pro Sekunde wahrnimmt. Damit müssen sie, natürlich als Folgerung aus der menschlichen Zeitwahrnehmung heraus, eine anderes Zeiterleben besitzen. Eine Fliege besitzt z.B. ein Facettenauge, das aus ca. 25000 Einzelaugen besteht, weshalb sie pro Zeiteinheit viel mehr von der Welt wahrnehmen kann, als z.B. der Mensch.

Das Facettenauge einer Fliege

Die Wissenschaftler diskutieren nun, ob das im Verhältnis zum Menschenleben überaus kurze Leben der Fliege wirklich kürzer ist, oder ob sie aufgrund der größeren Fülle von Erleben eine völlig andere Qualität von Zeit erfährt als der Mensch.
Zeit nur in linearer Form wahrzunehmen ist für uns Menschen ein grundlegendes Problem, denn auf Erden wird Zeit begrenzt von den beiden dynamischen Eckpfeilern oder krisenhaften Wendepunkten „Geburt und Tod". Was bedeuten da Länge und Ewigkeit des Lebens? Ist das Leben einer Fliege kurz oder ist es vielleicht viel länger als das unsere, da sie in einer Sekunde viel mehr Bilder wahrnimmt als der Mensch? Ist das reich beschenkte Leben eines Mozart sehr kurz gewesen, das eines Hundertjährigen, der stets nur in der Abgeschiedenheit seiner Hütte gelebt hat, hingegen lang? Ganz offensichtlich hat Zeit nicht nur einen quantitativen Aspekt, sondern vor allem auch einen qualitativen.

Einer der Gründer des modernen Spiritualismus W. H. Evans schrieb dazu:

„Ewigkeit besitzt zwei Aspekte, einen qualitativen und einen quantitativen. Im mystischen Sinne bedeutet „ewiges Leben" keine Dauer an sich, sondern dass das Leben angereichert wird mit Kenntnis und Wahrnehmung göttlicher Dinge."

„Erinnern wir uns, dass Veränderungen im Bewusstsein stets Veränderungen in unserer Wahrnehmung mit sich bringen. So wäre es ja interessant zu wissen, wie ist die einheitliche Wahrnehmung jener, die schon in der geistigen Welt sind? Die Schwierigkeiten, an denen sie zu arbeiten haben, um uns Nachrichten aus ihrem Leben von dort zu übermitteln, werden uns klar, wenn wir wissen, dass sie mit einem Bewusstsein umzugehen haben, das auf eine andere Zeitwahrnehmung eingestellt ist. Wenn wir davon ausgehen, dass ihr Leben dort viel reicher, ausgefüllter ist, so bedeutet das zwangsläufig eine Erweiterung der Wahrnehmung; eine Fähigkeit, viel mehr unterschiedliche

Das Wesen der Zeit

Schwingungen wahrnehmen zu können. Das könnte auch die Fähigkeit der Geistwesen zur Vorhersage erklären und warum sie oftmals so viel Schwierigkeiten haben, genaue Zeitangaben zu machen."
(Constructive Spiritualism, W. H. Evans, The Two World's Publishing, Manchester 1917, S.77, S.83)

Zirkelarbeit und Zeit

Der Faktor Zeit hat große Bedeutung bei der Entwicklung sensitiver wie spiritueller Fähigkeiten. Zeit wird in der spirituellen Arbeit vollkommen anders erlebt, als im Alltag. Der Alltag lebt von der Einteilung der Zeit, von ihrer linearen Qualität. Spirituelle Arbeit im Zirkel ist geprägt von der zirkulären Zeit, in der es kein Vorher und Nachher gibt. Oftmals ergeben sich enorme Spannungen bei diesem unterschiedlichen Zeiterleben. Während der Zirkelarbeit denken wir an Termine, die wir gerade gehabt haben oder die wir morgen haben werden. Wir schauen auf die Uhr und denken: „Noch 15 Minuten bis Zirkel-Ende!" Es ist schwer den Verstand abzuschalten und dadurch bleibt uns der Zugang zu anderen Wahrnehmungsebenen verschlossen. Hat sich einem dann die zirkuläre Zeit eröffnet, so fällt es schwer in den Alltag mit seinen Einteilungen und Verpflichtungen zurückzufinden. So kann der Eindruck entstehen, dass man im Laufe der spirituellen Entwicklung für seine Mitwelt scheinbar etwas „unzuverlässiger" wird, weil man eben nicht mehr nur pünktlich auf Druckknopf funktioniert, sondern mehr nach inneren Notwendigkeiten schaut.

Im Folgenden möchte ich die drei Aspekte der Zeit, gerade auch in ihrer Beziehung zur Zirkelarbeit, vorstellen.

Vergänglichkeit

2.1.1 Das Nacheinander – Die lineare Zeit

Zeit und deren optimale Ausnutzung ist in unserer modernen Gesellschaft etwas ganz Wichtiges und viele Menschen erleben Zeit als „rasendes Etwas". „Man sollte einfach mal mehr Zeit haben", so der Wunsch vieler Menschen. Und so ist es nicht verwunderlich, dass der Faktor Zeit bei der Zirkelarbeit für viele eine große Hürde darstellt. Wie kann ich einen Zirkelabend noch unterbringen in der mit Terminen gepflasterten Woche? Jeder weiß zwar rein verstandesmäßig, dass eine Stunde Zirkelarbeit oder Meditation nicht wirklich viel an Aufwand ist, angesichts der Gesamt-Wochenstundenzahl und doch fällt es oftmals schwer, die kleine Zeitspanne für spirituelle Arbeit kontinuierlich aufzubringen.

Es gibt aber heutzutage auch jene anderen, die plötzlich überaus viel „leere" Zeit haben, weil sie vielleicht vorzeitig in den Ruhestand geschickt oder ihren Arbeitsplatz verloren haben. Bei ihnen entfällt auf einen Schlag die Einteilung der Zeit in fortlaufende Termine. Termine geben uns ein Gefühl des steten Voranschreitens, der Entwicklung und die Sicherheit am Leben teilzuhaben, allerdings um den Preis des Alterns. Sie vermitteln uns die Botschaft gefragt zu sein, gebraucht zu werden, ja erfolgreich zu sein. Wer würde schon gerne zugeben, dass sein Terminkalender ziemlich leer ist. Ein leerer Terminkalender vermittelt Erfolglosigkeit und das Gefühl von schlechten Zeiten. Es entstehen also Probleme im Umgang mit der linearen Zeit, sowohl wenn man sie in zu viele kleine Einheiten aufteilen muss oder eben auch gar nicht zu teilen braucht, weil es keine Termine gibt.

Für jene, die zu viele Termine haben, gibt es heute Zeitmanagement-Kurse, die wiederum lediglich die Absicht haben Zeit effektiv auszunutzen und zu füllen. Für die anderen gibt es Beschäftigungsmaßnahmen, die Zeit sinnvoll füllen sollen. Lineare Zeit will gefüllt werden, will abgehakt und vergessen werden, um zum Nächsten zu kommen in der Hoffnung, dass noch Besseres nachkommt. Bedürfnisse, die auf Dauer nie endgültig zu befriedigen sind in dieser Welt, treiben uns voran auf dieser Linie der Zeit. Gleichzeitig sind wir dankbar dafür, dass Zeit vergehen kann, wie im Falle von Schmerz.

Einteilung von Zeit

Zeit als Bewegung, als einteilbare Spanne oder Wegstrecke ist ein wichtiges Moment. Die Realität von Zeit ist für uns nur erlebbar in der objektiven Welt, der Welt der Materie. Erst in der Veränderung des einen Objekts zum anderen wird Zeit sichtbar. In der Abfolge von Klängen in der Musik wird Zeit hörbar. Auch Pflanzen nehmen wir nicht wirklich als Ganzes wahr, sondern sehen Teilaspekte von ihnen. Pflanzen befinden sich im steten Prozess der Veränderung. Sie zeigen uns die Jahreszeiten an, Blumen haben eine Tagesuhr oder geben uns durch ihre Blütezeit auch einen

Das Nacheinander – Die lineare Zeit

In unserer Arbeitsgesellschaft sind Arbeitstätige oftmals enormem Stress ausgesetzt, während Rentner plötzlich keinen vollen Terminkalender mehr haben.

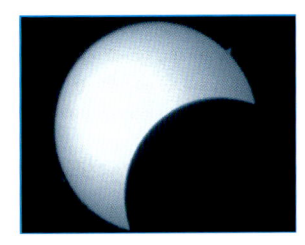

Früher löste eine Sonnenfinsternis Panik bei den Menschen aus.

Der Magier arbeitet mit der Täuschung unseres linearen Denkens, das Gleichzeitiges nur schwer wahrzunehmen vermag.

Jahreskalender. Und der große Wechsel zwischen Licht und Schatten teilt jeden Tag in zwei Hälften.

Damit Bewegung wahrgenommen werden kann, bedarf es zum einen eines stabilen, ruhenden Pols, den wir als Stille bezeichnen können. Zum anderen braucht es jenen Pol, der diese Bewegung in Gang setzt und den wir als Wille, also „konzentrierte Energie" bezeichnen können. Unser Bewusstsein sucht im Außen nach seinem Gegenpol und setzt damit die Anziehungs- und Abstoßungskräfte in Gang, die Bewegung ins Leben bringen und letztendlich die Zeit abspulen lassen.

Lineare Zeitvorstellung gibt Sicherheit

Was ist nun der Vorteil einer linearen Zeitvorstellung, in der Schritt auf Schritt folgt? Zum einen ermöglicht sie uns die Vorstellung einer gewissen Stabilität und Zuverlässigkeit der Welt. Es ist eine menschliche Urangst, dass ein unbekanntes, allmächtiges Schicksal jederzeit über uns hereinbrechen kann. Früher löste die Verdunklung von Sonne oder Mond panische Angst unter den Menschen aus. Die Priester fanden die Berechenbarkeit dieser Zeitpunkte, waren vorgewarnt und konnten durch ihre bannenden Rituale den Menschen die Panik nehmen. Wir können also Vorkehrungen treffen und aus Erfahrung Schlüsse für die Zukunft ziehen. Das ist in der objektiven Welt aber nur in einem begrenzten Rahmen möglich, denn weder stirbt jeder Raucher an Lungenkrebs, noch hilft uns die Vorhersage einer Naturkatastrophe alle Gefahren auszuschließen, wenngleich natürlich vieles vermieden werden kann. Aber auf jeden Fall gibt die lineare Zeitvorstellung uns ein gewisses Gefühl von Kontinuität und Stabilität in dieser Welt der steten Veränderungen und zugleich gibt sie uns ein Gefühl von Evolution (Weiterentwicklung), indem wir immer weiter voranschreiten. So entsteht auch der kollektive Eindruck einer Sinnhaftigkeit des Lebens.

Das Nacheinander – Die lineare Zeit

Die lineare Zeit verhilft uns auch zu dem, was wir „Biographie" nennen. „Wie war ich früher, was tue ich gerade, wo möchte ich hin?" sind vergleichende, analytische Fragen, die uns selbst und auch anderen Aufschluss über uns geben. Aber dies ist nur eine der Möglichkeiten sich selbst zu betrachten und die Welt daran teilhaben zu lassen. Manipulation und Fehler sind auch dabei jederzeit möglich, denn unsere Bewertung der Vergangenheit, die sich in unseren Erfahrungen und Werten niedergeschlagen hat, ist ja zumeist ein Teilausschnitt der Gesamtwirklichkeit, wobei mit entscheidend war, ob eine Situation angenehm oder schmerzhaft für uns war und ob wir sie überhaupt verstehen konnten. Haben wir in unserer Kindheit z.B. aus einem Erlebnis einen falschen Schluss gezogen, was sich im Nachhinein z.B. während einer Therapie offenbaren kann, so werden wir erkennen, dass diese einstmalige Schlussfolgerung unser Leben bis jetzt manipuliert hat.

Weiteres Merkmal der linearen Zeit ist ihre Eigenschaft Strukturen schaffen zu können. Denken wir nur einmal an die Arbeitsprozesse in einem Unternehmen. Wie ließen sich Arbeitsabläufe ohne lineare Zeitvorstellung koordinieren? Die lineare Zeitvorstellung ist eng an unsere Körperbewegungen, an schrittweise Abläufe gekoppelt, was ihr großes Gewicht in unserer Wahrnehmung verleiht. Ein Magier arbeitet in seinen Kunststücken ganz bewusst mit der Täuschung unseres linearen Denkens, das nur sehr schwer Gleichzeitiges wahrnehmen kann.

Linearität erzeugt Dynamik

Von größter Bedeutung ist auch die Eigenheit linearer Zeit, dass sich mit ihr bewusst gestalten lässt und durch Zielrichtung eine Intensivierung von Energie erreicht wird. So werden Höhepunkte geschaffen. Ich möchte dies an einem stark vereinfachten Beispiel aus der Musik erklären. Wie empfinden wir beim Hören eines gregorianischen Chorals, eines langsamen indischen Ragas oder guter esoterischer Entspannungsmusik? Linear oder zirkulär? Natürlich zirkulär, die Musik bewegt sich kaum, es klingt alles irgendwie gleich. Ihre Qualität liegt eben in ihrer scheinbaren Stille und äußeren Unbewegtheit. Dann legen wir einmal einen Bach oder Brahms auf. Da werden wir von Höhepunkt zu Höhepunkt gejagt. Spannung und Entspannung schaffen eine unglaubliche, energetische Bewegung, ja eine Dramatik. Das ist eine lineare Entwicklung, die sich zwischen Stau und Entspannung von Energie bewegt.

Die lineare Zeitvorstellung hat also für das Erleben und Gestalten der Welt viel zu bieten. Auch in der Zirkelarbeit kommen wir nicht ohne sie aus. Es werden die Zeiten des Zirkels festgelegt, die es einzuhalten gilt. Der Zirkelleiter wacht darüber, dass ein Zirkelmitglied während der Zirkelsitzung nicht zu lange spricht oder etwa gar nicht spricht. Ebenso unterliegt die sensitive oder mediale Sitzung der linearen

> Das Nacheinander – Die lineare Zeit

Zeit. Sie hat einen gewissen Aufbau, besitzt einen Anfang und ein Ende. Die zeitliche Zuordnung der sensitiv gewonnenen Informationen muss der Analyse des Klienten standhalten. Es gibt also auch in der sensitiven Arbeit eine Menge Lineares, das das Gerüst, den äußeren Rahmen ausmacht.

Vergangenheit

Das lineare, mit dem Verstand gekoppelte Zeitverständnis macht uns in der medialen Schulung aber auch Probleme. Denn schon für uns selbst ist die eigene Vergangenheit nur noch zum Teil bewusst, wobei sie aber in jeder unserer Zellen abgespeichert ist und über bestimmte psychologische Techniken wieder abgerufen werden kann. Unsere Zukunft kann der Verstand zwar versuchen zu kalkulieren, aber letztendlich liegt sie im Dunkeln und oft genug entwickelt sie sich ganz anders als geplant oder vorhergesehen. Noch schwieriger wird das Ganze, wenn wir versuchen uns in das Zeiterleben einer anderen Person hineinzuversetzen. Unser Verstand ist dafür nicht gut geeignet, da für ihn nur der Moment, an dem Vergangenheit und Zukunft als Gegenwart zusammentreffen, real ist. In diesem Sinne ist Gegenwart der Moment, wo wir als geschlossenes System, das aus Vergangenem geformt ist, auf eine Kraft treffen, die uns verändern wird. Diese Kraft nennen wir Zukunft. Somit steht unser Gegenwartsbewusstsein unter dem Einfluss von zwei verschiedenen Zugkräften, nämlich jenen, die nach Erhaltung des Status Quo, des Erreichten streben und jenen, die nach Entwicklung streben. In der nachfolgenden Tabelle möchte ich die drei Formen der Zeit vergleichen.

Vergangenheit	Gegenwart	Zukunft
gewesene Gegenwart	gelebte Gegenwart	werdende Gegenwart
im Körper abgespeichert	aktuelles Ich-Erleben	verborgen, Seele
Körperbewusstsein, Instinkt	Verstand, Intellekt	Intuition
unterbewusst	bewusst	überbewusst
subjektiv wiedererlebbar Gefühl, als ob....	objektiv erlebbar sinnlich erfahrbar	ahnbar Hellsinnen zugänglich
relative Wirklichkeit	persönliche Wirklichkeit	keine Wirklichkeit
EGO	ICH	SEELE

Die Gegenüberstellungen in der Tabelle zeigen deutlich, dass sich unser Verstand schwer tun muss mit Phänomenen wie Sensitivität und Medialität. Wahrnehmungen von Vergangenheit oder Zukunft vermitteln ihm Unsicherheit, da er sie nicht als Realitäten erkennt. Aufgabe der sensitiven Schulung ist es zunächst ein-

Das Nacheinander – Die lineare Zeit

mal zu lernen, den Verstand zurückzunehmen, damit ein Wechsel der Wahrnehmungsebene möglich wird. Es wird geübt in den verschiedenen Zeitformen gleichzeitig zu denken und nicht nacheinander, wie das der Verstand fordert. Jeder Punkt der Vergangenheit war zuvor einmal Gegenwart und Zukunft und jeder Zeitpunkt der Zukunft wird irgendwann Gegenwart und später Vergangenheit sein. So lernen wir die gerade, unerbittliche Zeitlinie des Denkens zu verlassen und Zugang zum zirkulären Denken zu gewinnen. Deshalb spricht ein Medium von einem Verstorbenen auch nie in der Vergangenheitsform, sondern stets in der Gegenwart.

Der richtige Umgang mit der linearen Zeit ist eine wichtige Voraussetzung für die Zirkelarbeit. Sie bildet zum einen den äußeren Rahmen für unsere Arbeit, gibt ihr Struktur, zum anderen ist sie aber auch jene Ebene, die wir während der sensitiven, medialen Arbeit überwinden müssen.

Zusammenfassung: Was bringt die lineare Zeit für die Zirkelarbeit?

- Sie gibt uns Struktur und Disziplin.
- Sie ermöglicht eine Verabredung, so dass verschiedene Menschen sich an einem Ort zu einer Zeit treffen können.
- Anfang und Ende des Zirkels sind die beiden Pole, zwischen denen sich die dynamische Energie der Zirkelarbeit entwickelt.
- Sie ermöglicht uns die zeitliche Zuordnung unserer Botschaften.
- Sie zeigt uns unsere Entwicklung und die Stufen unseres Wachstums.

Linearität erzeugt Dynamik.

2.1.2. Das Gleichzeitige - Die zirkuläre Zeit

Sobald wir in den Bereich von Sensitivität und Medialität eintreten, verlassen wir die gewohnten Pfade unseres Verstandes, verlassen wir die Welt seiner Wirklichkeit. Telepathie (Gedankenübertragung), Telekinese (Bewegung von Gegenständen ohne physischen Kontakt), Materialisationen oder Apporte (Erscheinen von Gegenständen aus dem Nichts) sind dem Verstand nicht erklärlich, da er nur an objektgebundene Kräfte glaubt, was bedeutet, dass Zeit und Energie benötigt werden, um einen Weg zurückzulegen. Auch Spontanheilungen oder die Wirkung von geistigem Heilen entziehen sich seinem Verständnis, da Heilung für den Verstand das Ergebnis einer zeitlichen Abfolge von Handlungen und Geschehnissen ist. Wir kennen alle jene Beispiele aus der Medizin, dass ein Arzt die Krankheit eines Patienten betrachtet und aufgrund von Erfahrungen seine Prognose stellt. Krebspatienten hören dann meist ein solches Urteil: „Sie haben noch so und so lange zu leben!" Aber plötzlich steht einer dieser „todgeweihten" Patienten Jahre später kerngesund vor ihm und der Verstand ringt um Erklärung.

Anstatt herauszufinden, was diese Heilung bewirkt hat, sucht sich der Verstand Erklärungen wie „die Untersuchungsergebnisse wurden vertauscht" oder „Fehldiagnose" und „beruhigt" sich damit, dass viele der Patienten mit ähnlichen Vorhersagen ja wirklich gestorben sind. Eigentlich grotesk! Der Verstand will einfach nicht hinnehmen, dass es Kräfte geben könnte, die in einem Augenblick einen Prozess total umkehren. Die Bibel aber ist voll von solchen Berichten, von Wunderheilungen oder der spontanen Wandlung eines Verbrechers in einen Heiligen, ausgelöst durch ein Erleuchtungserlebnis. Und wie verhält es sich mit dem Kontakt zu Verstorbenen? Auch das ist dem Verstand schlichtweg ein Rätsel, da er materielle, objektive Substanz braucht und eine zeitliche Abfolge, um eine für ihn begreifbare Realität zu haben.

Es gibt jedoch eine Vorstellung von Zeit, ein anderes Zeiterleben, das die Grundlage aller Spiritualität ist, die „zirkuläre Zeit". Da ist die Trennung zwischen Vorher, Jetzt und Nachher aufgehoben, alles „ist" nur noch. Wenn Menschen in Trance fallen, dann sind sie in dieser anderen Zeit. Der Verstand weiß bewusst nichts davon. Ein gutes Medium kann sich bewusst und kontrolliert in dieser Zeit bewegen. Auch im Traum betreten wir diese andere Zeit, denn in einem Nu können wir uns irgendwohin begeben, wir können uns mit längst verstorbenen Freunden oder Verwandten treffen oder in Zeitraffer-Geschwindigkeit einen ganzen Roman erleben.

In der Trance hat der Schamane Zugang zum zirkulären Zeiterleben.

> Das Gleichzeitige – Die zirkuläre Zeit

Meditation – Zugang zur zirkulären Zeit

Die Meditation ist eine der wesentlichen Techniken sich die zirkuläre Zeit zu erschließen. Sie schult, dass man nicht linear von einem Ort zum nächsten reisen muss in der Welt, sondern man verharrt in Ruhe an seinem Ort, im eigenen Zentrum, und wenn sich das Erleben der zirkulären Zeit einstellt, wird das ganze Universum an diesem Ort erlebbar. Daraus resultiert die Erkenntnis, dass jeder Ort auf Erden, an dem wir uns befinden, zur Kathedrale werden kann.

Unser Verstand kann nicht hinein in die zirkuläre Zeit. Aber unser seelischer oder geistiger Anteil existiert eben in jener Zeit und das Bewusstsein ist die Brücke zwischen beiden Zeitkreisen. Die Schulung von Medialität zielt darauf ab, bewusst eine Brücke zu bauen zwischen zwei unterschiedlichen Zewirklichkeiten. Nehmen wir

In der Meditation erschaffen wir uns eine eigene, innere Kathedrale.

in der zirkulären Zeit wahr, so ist es bildhaft und nicht konkret. Für die Umsetzung in eine für uns und den Klienten auf Erden verständliche Sprache benötigen wir dann unseren Verstand. Um jedoch in der anderen Welt wahrzunehmen, muss der Verstand immer wieder hinter unser spirituelles Bewusstsein zurücktreten. Bei einem guten Medium arbeiten beide, Verstand und Bewusstsein optimal zusammen.

Der Zufall bestimmt das Leben

Die Natur zeigt uns auf vielfältige Weise, dass nicht alle Einzelheiten starr vorausbestimmt sind und reiner Deduktion folgen, sondern die Natur kann sinnvoll spontan Neues entstehen lassen, sie kennt Variation und Kompensation. Es gibt also eine Ebene, auf der eine übergeordnete Ganzheit existiert, die wir als geistige oder seelische Ebene bezeichnen. Hier finden wir die Quelle für all die Faktoren, jene Zufälle, die unser Leben in einem Nu verändern können. Der Zufall, also das Nichtgewusste und Nichtgeplante, hat wohl die größte Bedeutung in unserem Leben, ist unser Lehrmeister. Wir geraten zufällig in eine Vorlesung, die wir gar nicht besuchen wollten und sind plötzlich so fasziniert von dem dort behandelten Thema, dass es fortan unser Leben bestimmt, ihm eine völlig neue, zuvor nicht absehbare Richtung gibt.

Wer hat nicht schon die Erfahrung gemacht, dass er „rein zufällig" Menschen begegnete und daraus eine Begegnung fürs Leben wurde. Feste Pläne, die man sich gemacht hat, werden durch unvorhersehbare Ereignisse vollkommen umgeworfen. Für den Verstand ist solches unerklärlich und auch nicht gewünscht, da nur das Kalkulierbare Sicherheit vermittelt. In diesen Fällen verwendet der Verstand dann Begriffe wie Glück, Zufall oder Pech, um etwas zu beschreiben, was sich seinem Verständnis entzieht.

Auch die Evolution der Erde wurde lange Zeit als linear verlaufend betrachtet, bis Forscher kürzlich herausfanden, dass die Zeit für die Natur viel zu kurz gewesen wäre, durch viele Versuche im „Trial-and-error"-System so komplexe und hochorganisierte Wesen heranzubilden. Heute nimmt selbst die Wissenschaft an, dass es einen intelligenten kosmischen Faktor gibt, der durch „Zufall" spontan Sinnvolles entstehen lässt. Bedeutende Entdeckungen wie auch alle großen Kunstwerke lassen sich auf die Wirkung dieses Faktors zurückführen. Allein durch Mal- oder Musikstunden, ständiges Üben oder handwerkliches Können entstünden keine genialen künstlerischen Werke.

Der Einfluss der Synchronizität

Es gibt also etwas nicht Greifbares, einen Einflussfaktor X, der tief in uns verborgen ist und unsere Entwicklung ganz entscheidend mitgestaltet und der nicht dem Li-

Das Gleichzeitige – Die zirkuläre Zeit

nearen unterliegt. Es sind jene Kräfte, die wir als seelisch oder geistig bezeichnen. Sie unterliegen der zirkulären Zeit. Es reift etwas wie ein Samenkorn in den verborgenen Tiefen unserer Seele heran und wird zur rechten Zeit durch einen Impuls von außen zum Leben erweckt. Plötzlich, überraschend und unvorhersehbar tritt es in unser Leben. Und wir wissen, je mehr wir suchen, was die Vorgehensweise des Intellekts ist, der immer neu-gierig ist, desto weniger finden wir etwas. Erst im Loslassen ist es plötzlich da. Der Schriftsteller Arthur Koestler hat das so wunderbar formuliert:

„Ich habe schon immer geglaubt, dass es in der Verwaltung der göttlichen Vorsehung eine Sonderabteilung gibt, die nur dafür zuständig ist, dass einem Leser genau zum richtigen Zeitpunkt das richtige Buch in die Hände kommt."

Dieses verborgene Gespür in uns scheint in vieler Hinsicht viel weiser zu sein als unser Verstandesdenken. C. G. Jung bezeichnete dies mit dem Begriff „Synchronizität": das sinnvolle zeitliche Zusammentreffen eines inneren Ereignisses mit einem äußeren, ohne dass diese zwei Ereignisse kausal voneinander abhängen. Er hält die Synchronizität für eine unbekannte aktive Kraft in unserem Leben, die unser lineares Verknüpfen von Ursache und Wirkung überlagert. Damit schuf er eine neue Möglichkeit die Beziehung von Psyche und Materie zu verstehen.

„Die Synchronizität kann ein Hauptschlüssel werden, mit dem die Tür zu Lehren über die Natur des menschlichen Schicksals geöffnet werden kann, die uns bisher verschlossen geblieben ist."
C.G. Jung (zitiert aus W. Bryant, Der Verborgene Puls der Zeit, Verlag die Pforte, Dornach, 1997 S.36)

Carl Gustav (C.G.) Jung
(1875-1961)

In den östlichen Weisheiten fand Jung sehr viel Verwandtes zu seiner Idee der Synchronizität. Die Chinesen bauten ihre ganze Kultur auf dem Prinzip der „Koinzidenz" (= zufälliges Zusammentreffen von Ereignissen) auf. Sie fragten nicht mechanistisch, wie etwas mit etwas anderem zusammenhängt, also nicht nach dem Prinzip von Ursache und Wirkung, sondern danach, was womit zusammenzutreffen beliebt.

Das Gleichzeitige – Die zirkuläre Zeit

Es scheint also Gesetze zu geben, die Umstände und Ereignisse in unserem Leben mit anderen synchronisieren, so dass etwas möglich wird, das unser Verstand nicht vorausberechnen kann und das wir bis jetzt „Zufall" nennen. Es gibt neben unserem rationalen Erfassen von Zeit und Raum etwas auf der geistig-seelischen Ebene, was uns mit viel größeren Zyklen und Rhythmen verbindet. William Bryant schreibt:

> *„Die Synchronizität dirigiert die unbewussten Impulse unseres Willens, die uns zur richtigen Zeit an den richtigen Ort führen, damit wir auf das Ereignis treffen, das uns verändern wird."*

(William Bryant, Der Verborgene Puls der Zeit, Verlag die Pforte, Dornach, 1997)

Synchronizität erzeugt Zugehörigkeitsgefühl

Betrachtet man die Welt, so könnte man meinen, es gäbe Millionen in Körpern isolierte Bewusstseinseinheiten, die sich alle darum bemühen, der vielen Eindrücke und Einflüsse Herr zu werden und die versuchen, so gut es geht, ihr Leben zu meistern. Dieses Gefühl der Isolierung, das etwas von Lebensillusion und Sinnlosigkeit hat, kann sich verändern, sobald wir eine Verbindung zu den vielen anderen Leben herstellen und feststellen, dass es da Berührungspunkte und Gemeinsamkeiten gibt. Erst dann wird unsere bescheidene Lebensgeschichte zum Bestandteil jener allumfassenden Biographie, die die Menschheit und die Erde schreiben. Erst die Synchronizität gibt uns ein Gefühl der Zugehörigkeit zum ganzen Universum, so wie es die Menschen des Altertums in sich empfunden hatten. Ihre religiösen Feste und Feiern waren genauestens abgestimmt auf den großen kosmischen Rhythmus, den sie im Jahreslauf abgebildet sahen. Anlässlich religiöser Feste kamen sie in Kontakt mit den größeren Kreisläufen des Kosmos und konnten damit in Kontakt zu höheren Wesen treten.

Im Zirkel tun wir heute etwas Ähnliches. Indem wir einen stetig sich wiederholenden Kreislauf an Zirkelsitzungen abhalten, können wir es schaffen mit einem anderen Zeitkreis in Verbindung zu treten. Was Jung „Synchronizität" nennt, lässt sich im Spiritualismus aus dem Geistigen erklären. In der Ding-Welt scheinen alle Einzelwesen getrennt und alles Geschehen ein willkürlicher Zufall. Aber auf der geistigen Ebene gibt es keine Trennung. Menschen können auf der irdischen Ebene weit voneinander getrennt leben, brauchen nichts voneinander zu wissen, werden sich vielleicht nie in diesem Leben kennen lernen, aber sie können sich auf der geistigen Ebene begegnen. Und kommt es dort zu dieser Begegnung, dann wird sie sich auch im Irdischen irgendwann manifestieren. Die Wiederbegegnung mit Menschen und auch Tieren, die ihren physischen Körper schon abgelegt haben, wird dadurch ebenfalls möglich.

> **Das Gleichzeitige – Die zirkuläre Zeit**

Zusammenfassung

Was bringt ein Verständnis der zirkulären Zeit für die Zirkelarbeit?

- Die Möglichkeit in eine andere Wirklichkeit zu reisen und an einem Punkt das Ganze erleben zu können.
- Alles wird zu einem Sein, alle Zeiten sind gleichzeitig vorhanden. Damit können wir jederzeit Vergangenheit, Gegenwart, Zukunft abrufen. Die Seele eines Menschen ist jederzeit eins, für sie gibt es keine Zeit.
- Die Sicherheit, dass es keinen Tod gibt.
- Verständnis, wieso Medialität und geistiges Heilen möglich sind.
- Mit weit entfernt liegenden Epochen Kontakt aufzunehmen oder auch mit Menschen, die weit entfernt leben.
- Der Zirkel ist ein Experiment der Synchronizität. Es treffen unterschiedliche Menschen an einem Punkt zusammen, wodurch die Kräfte des Faktors X aktiviert werden, so dass etwas völlig Neues entstehen kann.
- Sie lehrt, dass es nicht nötig ist die ganze Welt zu durchwandern, z.B. auf der Suche nach Lehren oder Lehrern, sondern dass man stets schon angekommen ist an dem Ort, wo die ganze universelle Fülle vorhanden ist.

2.1.3 Der lebendige Wandel – Die zyklische Zeit

„Der Schwingungszustand des allgegenwärtigen Feldes ist Rhythmus. Die Welt ist Rhythmus. Materie und Geist sind Rhythmus. Es gibt nichts Statisches oder Festes in diesem Wellen- oder Weltenraum. Was wir als Objekt empfinden, erweist sich bei näherer Betrachtung als pulsierender Prozess, Energie und ständige Aktivität."
Norbert Jürgen Schneider (Die Kunst des Teilens, Piper Verlag, München, 1991 S.74)

Wir haben die lineare oder mechanische Zeit betrachtet, dann die zirkuläre, kreisförmige Zeit. In einer rein linearen Zeit gibt es keine Wiederholung, kein Erinnern, während reines Kreisen stete Wiederholung des immer Gleichen bedeuten würde. Daher existiert auch noch eine dritte Kraft, die eine Kombination der beiden ersten ist und den lebendigen Wandel der strömenden Kräfte darstellt. Scheint sie oftmals willkürlich, so folgt sie doch einer inneren Ordnung. Diese Zeit nennt man die periodische, rhythmische oder zyklische Zeit. Alles Leben im Kosmos unterliegt Zyklen und diese Zyklen müssen von irgendeiner hohen Intelligenz gesteuert werden, damit sie ineinander greifen. Auch in jedem Menschen gibt es eine unendliche Zahl von Zyklen, die sein Leben bestimmen.

Biorhythmus – eine Form der zyklischen Zeit
Auf der physischen Ebene nennen wir das unseren „Biorhythmus", der besonders stark von den Lichtverhältnissen beeinflusst wird. In diesen Biorhythmus sind andere Zyklen eingeordnet, wie zum Beispiel die unserer Organe. Jedes Organ hat seinen eigenen Rhythmus und selbst unser Immunsystem unterliegt einem solchen. Die Erkenntnis solcher energetischer Zyklen unserer Organe hat die chinesische Medizin in ihrem einmaligen Meridiansystem niedergelegt. Im Westen war es vor allem die astrologische Medizin, die im Faktor Zeit für die Heilung eine ganz wichtige Komponente erkannte. Das richtige Heilmittel zur falschen Zeit bewirkt ihrer Erkenntnis nach wenig. Der moderne Forschungszweig der Chronobiologie greift den astro-medizinischen Ansatz wieder auf.

Lebensrhythmen
Unterliegt unser Biorhythmus vor allem dem Verhältnis von Licht und Schatten, so ist unsere energetische Disposition eng an das Erdmagnetfeld und damit an Faktoren wie Luftdruck oder Ionisation angebunden. Unsere Körperzellen erneuern sich alle sieben Jahre und siebenjährige Perioden unterteilen in etwa auch die großen Entwicklungsphasen in unserem Leben. Denken wir an die großen Übergangszeiten oder Krisen in unserem Leben, wie etwa die Pubertät, die rund um das 14.

Der lebendige Wandel – Die zyklische Zeit

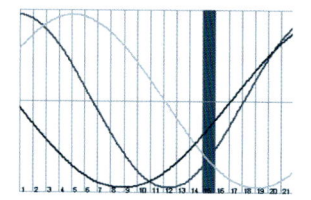

Jeder Mensch unterliegt einem individuellen Biorhythmus.

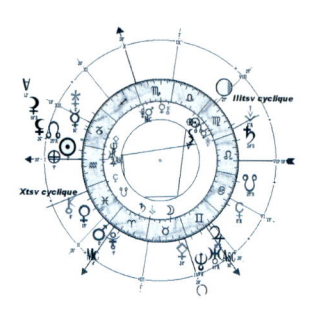

Die Astromedizin beschäftigt sich mit den kosmischen Zyklen im Zusammenhang mit der Gesundheit.

Yogis können in Meditation ihre Körperrhythmen selbst steuern.

Lebensjahr liegt, oder auch an das 21. Lebensjahr, das früher dem Zeitpunkt des Beginns der Volljährigkeit entsprach. Das sind wichtige Orientierungspunkte im Leben. Die Astrologie ist eine ausgeklügelte Wissenschaft, die ganz auf dem Wissen um die Zyklen im Menschen, im Kosmos und in ihrem Verhältnis zueinander aufgebaut ist.

Sind unsere Zyklen nicht abgestimmt aufeinander, kommt unser Rhythmus durcheinander, was zu Krankheit oder Krisen führt. Ein ganz einfaches Beispiel dafür ist die Zeitverschiebung beim Fliegen oder auch schon die Umstellung auf die Sommerzeit. Damit wir solche Unregelmäßigkeiten ausgleichen können, braucht es eine Selbstregulationskraft. Dies brachte Rudolf Steiner zu der Annahme, dass der Mensch so etwas wie einen übergeordneten „Zeitkörper" haben muss, der sich wissenschaftlicher Erkenntnis bisher jedoch entzogen hat. Dieser Zeitkörper ist es, der die eigenen Zyklen und Rhythmen untereinander, aber auch in Beziehung zu äußeren Rhythmen, abstimmt.

Die Welt der starren Dinge

Die Atomphysiker haben herausgefunden, dass alles Feste, Körperhafte nur scheinbar ist, dass letztendlich alles in Bewegung ist. Untersuchen wir mit dem Elektronenmikroskop eine Hand, einen Tisch, so zeigt er sich als Bewegung von kleinsten Teilchen, die nach einem bestimmten Muster erfolgt. „pantha rhei oder Alles fließt!", war schon die Erkenntnis eines der großen griechischen Philosophen der Antike. Eine Welt, in der alles fließt, macht Angst, also hat der menschliche Verstand wohl damit begonnen, diese zu sortieren, einzuteilen und abzumessen. Aus einer Welt des Geschehens, die eigentlich nur mit Verben darzustellen wäre, wurde so eine Welt der starren Dinge, der Substantive. Das Zeitelement, das rhythmische Geschehen wurde ausgeklammert. Was bedeutet nun Rhythmus? Das Wort stammt aus dem Griechischen und bedeutet so viel wie ein „Fließen, Strömen" oder

Der lebendige Wandel – Die zyklische Zeit

auch „gleichmäßige Bewegung". Später im Mittelalter wurde dann der Begriff der „Ordnung" hinzugefügt, weshalb man Rhythmus auch als gestaltende Bewegung oder die aus Bewegung entstandene Gestalt bezeichnete.

Rhythmus – die Ordnung in der Bewegung

Wenn wir von Zeit sprechen, dann sind wir stets nahe an der Musik, da sie allein Zeit für uns erlebbar machen kann. Begriffe wie Rhythmus, Bewegung und Tanz sind ganz eng mit der Musik verbunden. Es sind die Elemente in der Musik, die uns lebendig machen, uns vitalisieren und begeistern. Und da kommen wir in die Bedeutung hinein, die der Rhythmus für die spirituelle Arbeit und die Zirkelarbeit haben kann. Wir wissen vom Tanzen, dass der Rhythmus uns eine Ordnung vorgibt, zu der wir uns alle gemeinsam in Harmonie bewegen können. Dies geschieht nicht willkürlich, sondern frei. Unwillkürlich bewegen wir uns zur Musik, wenn wir die Standardtänze hier einmal ausklammern. In den Volkstänzen und Rundtänzen ergibt sich die Bewegung ganz natürlich, weil die Musik mit unserem Körper schwingt.

Fließt die Energie in einem Zirkel in einem Rhythmus, dann hat das denselben Effekt wie das natürliche Tanzen. „Der Tanz unserer eigenen Atome" passt sich an diesen Rhythmus an. Das ist ein Geschehen, das auch grundlegend für die Praxis der Meditation ist. Der Meditationsschüler wird mittels der Anweisungen „gezwungen" seinen bisherigen Rhythmus einem neuen, übergeordneten Rhythmus anzupassen. Das hat natürlich Auswirkungen auf sein gesamtes System. Eine Umstellung oder Veränderung der eigenen Rhythmen findet statt. Auf diese Weise lernt der Schüler einen übergeordneten Rhythmus zu finden und kann mit diesem dann sein Leben selbst steuern. Aus Indien ist bekannt, dass Yogis es schaffen ihre Körperrhythmen, also zum Beispiel Herzschlag und Atmung, selbst zu kontrollieren.

Rhythmus kann durch rhythmisches Klatschen hörbar gemacht werden.

Rhythmus ist die natürliche Voraussetzung für den Tanz.

Rhythmus gibt die Ordnung vor, zu der sich in Harmonie bewegt wird.

Eine Meditationsübung, gleich wie gut sie ist, wird relativ wenig Effekt haben, wenn sie nicht in einen Rhythmus eingebunden ist. Meist tun wir uns sehr schwer damit, weil Rhythmen bei uns unbewusst ablaufen und wir Rhythmus mit Wiederholung des stets Gleichen verwechseln, ihn daher als langweilig erleben. Unser lineares Zeitverständnis will Abwechslung, braucht Neues, braucht Ziele. Wenn wir es aber schaffen, Rhythmen und Zyklen als lebendiges Geschehen, als Strömung von Energie zu erleben, dann tun sich völlig neue Welten auf. Dazu bedarf es zweier Fähigkeiten: Loslassen und Hingabe. Das lässt sich wunderbar am Beispiel „Tanzen" erklären. Das Paar, dessen Tanz allein in der linearen Abfolge von gelernten Schritten besteht, wird steif wirken und die Umstehenden wenig begeistern können. Das Paar, das sich ganz loslassen kann, das sich völlig dem Rhythmus hingeben kann, das „eins" wird mit seinem Strömen, wirkt lebendig und begeisternd auf die anderen.

Rhythmik in der Zirkelarbeit

In der Zirkelarbeit wirkt das gleiche Prinzip. Durch die stete Wiederholung des Zirkels zur gleichen Zeit, am gleichen Ort, entsteht ein eigener Zirkelrhythmus, dem sich unsere individuellen Rhythmen anpassen. Ist dieser Zirkelrhythmus gewachsen, dann ist Zirkel nicht mehr Pflichterfüllung, sondern ein wichtiger Teil des Lebens. Wir brauchen ihn dann ganz natürlich, so wie unser Körper Wasser oder Nahrung braucht. Andere Rhythmen in uns verlieren an Bedeutung. Fällt der Zirkel aus, hat es eine entsprechende Wirkung auf die Mitglieder. Es wird das Gefühl entstehen, dass etwas Wichtiges fehlt in der Woche. Rhythmus bedeutet eine Erneuerung und Verstärkung von Energie, weshalb diese Art Zirkelenergie dann auch ansteckend und belebend auf andere wirkt. Das rhythmische Singen und Klatschen war übrigens stets ein wichtiges Moment, wenn Menschen schwere körperliche Arbeit tun mussten. Noch heute erleben wir die Faszination des rhythmischen, gemeinsamen Tuns in den Traditionen Afrikas.

Rhythmus entsteht im Zirkel schon durch die sich stets wiederholende gleiche Sitzungszeit. Im Laufe der Zirkelarbeit orientiert sich der Alltag an diesem. Wir freuen uns auf den Zirkeltag und es fehlt uns etwas, wenn der Zirkel einmal ausfallen muss. Der Rhythmus des Zirkels vereinigt aber ebenso alle Rhythmen der einzelnen zu einem Ganzen, verstärkt die Energien zu einem großen Spannungsfeld und lässt auch Energien fließen. Hat sich der Rhythmus des Zirkels gefestigt, so ergibt sich daraus eine ganz wesentliche Konsequenz. Wie wir vorher schon gesehen haben, stehen unsere eigenen, persönlichen Rhythmen wiederum mit kosmischen Rhythmen in Verbindung. Der Rhythmus des Zirkels steht ebenfalls in Resonanz mit anderen kosmischen Rhythmen, also mit Energien einer höherer Ordnung als die individuellen Energien, mit denen wir in Beziehung treten können.

Der lebendige Wandel – Die zyklische Zeit

Zusammenfassung: Was gibt der Rhythmus dem Zirkel?

- Er verbindet mit dem großen kosmischen Lebensstrom
- Er vitalisiert und begeistert
- Er harmonisiert die Gruppe und gleicht Energien an
- Er ordnet unseren eigenen Rhythmus einem höheren unter
- Er lehrt uns die Wirkung von gelenkter Energie
- Er verbindet uns mit anderen, neuen Rhythmen des Kosmos

2.1.4. Die Beziehung zwischen Zeit und Zirkel

Qualitäten der Zeit

Eine der wesentlichen Qualitäten von Zeit ist jene Kraft, die wir als „Wachstum oder Entwicklung" bezeichnen. Der Zirkel ist solch ein Ort des Wachstums und hat daher mit dem Wesen der Zeit zu tun. Die dreifache Zeit bietet uns unterschiedliche Qualitäten für unsere Arbeit an.

Zeit	linear	zirkulär	zyklisch
Musik	Melodie, Takt	Harmonie	Rhythmus
Formen	Gerade	Kreis	Spirale
Energie	analysierend, trennend	wahrnehmend	bewegend
Kraft	Stoß, Ziel	Konzentration	Dynamik, Strahlung
Bewusstsein	Struktur, Absicht	gruppenbewusst	kosmisch
Zirkel	individuell	Ganzheitlichkeit	Leben, Energie

Die lineare Zeit betrifft unsere eigene, ganz persönliche Entwicklung. Die zirkuläre Zeit verbindet unsere persönliche Zeit mit einer übergeordneten Zeit, jener der Gruppe. Der Zustand der Harmonie in der Gruppe zeigt die Verwirklichung dieser zirkulären Zeitqualität an. Die zyklische Zeit, der Rhythmus, verbindet den Zirkel mit dem großen Strom des Lebens selbst und damit mit den mächtigen Energien des Kosmos.

Wechselwirkungen der verschiedenen Zeit-Qualitäten

Im Alltag orientieren wir uns hauptsächlich an der linearen Zeit. In der Zirkelarbeit verlassen wir größtenteils diese lineare Zeitqualität und bemühen uns in die zirkuläre Zeit einzutreten. Dies bleibt nicht ohne Rückwirkung auf unser eigenes Zeitverständnis. Es wird unser Verhältnis zu unseren eigenen inneren Zeitrhythmen und zur Zeit überhaupt neu organisieren, was auch auf unseren Alltag zurückwirkt. Das kann sich zum Beispiel ganz einfach darin zeigen, dass wir alles etwas gelassener nehmen. Je mehr wir die zirkuläre Qualität leben können, desto offener, toleranter, verständnisvoller werden wir, denn die Emotionen können in der zirkulären Zeit nicht jene Spannungen aufbauen, wie sie das in der linearen Zeit tun können. Im Zirkel gibt es nur das Sein, alles Leistungs- und Erfolgsdenken gilt es auszuschalten. Die Ruhe, die aus dem Zirkulären entsteht, hilft unserem Verstand, von einer höheren Warte aus den Alltag und das Leben zu betrachten.

> Die Beziehung zwischen Zeit und Zirkel

Gleichzeitig wird das geeinte Energiefeld der Gruppe völlig neue Erfahrungen möglich machen. Die Gruppe kann so mit Ereignissen und Kräften in Verbindung treten, wie es für den einzelnen nicht möglich wäre. Um es im Stile der Fantasyliteratur auszudrücken: der Zirkel kann zu einem Zeitfenster werden. Nur so sind Erscheinungen möglich, wie sie ein physischer Zirkel erzeugen kann: physische Phänomene ohne Beteiligung irgendeiner anwesenden Person wie Klopflaute, das Spielen eines Instrumentes, das Heben des Tisches usw. Das ist ja nur möglich, weil zeitgleich (synchron) unterschiedliche Welten wirklich sind. Es sind ja nicht Kräfte an sich, die diese Erscheinungen hervorrufen, sondern die Phänomene werden von Wesen aus dem Jenseits bewirkt, die in ihrer eigenen Zeit leben. Es muss dazu ein Zeitkorridor geschaffen werden, damit ihre Kräfte in diese Welt gelangen und wirken können. In dieser zirkulären Zeit im Zirkel gibt es keine Trennung der Zeitformen.

Überwindung von Raum und Zeit

Vergangenheit, Gegenwart und Zukunft verschmelzen zum „Sein". Es ist dann Aufgabe des Mediums zu lernen, diese Zeiten wieder für einen Klienten, der in der linearen Zeit lebt, auseinander zu dividieren. Das spielt natürlich auch für alle sensitiven, medialen Wahrnehmungen eine Rolle. Ein Beispiel aus dem Heilerzirkel: Wir bekommen den Namen eines Kranken aus Norwegen oder Australien. Wir erhalten nur den Namen und den Wohnort. Räumlich ist der Kranke für uns nicht vor Ort, aber wir können ihn über die Zeit erreichen. Und mittels der Zeit transportiert sich auch der Raum, so dass wir eventuell beschreiben können, wie das Lebensumfeld dieses Menschen aussieht. Die Zirkelarbeit macht dies möglich. Und aus diesem Zeitfenster heraus kann ich mit dieser mir entfernten und unbekannten Person gleichzeitig kommunizieren, wie auch mit Menschen, die schon lange gestorben sind und keine physische Form oder keinen Raum mehr bewohnen. Wieso sollte es also nicht möglich sein mit jemandem Kontakt aufzunehmen, obwohl ich ihn (noch) gar nicht kenne, gleich wo sich dieser Mensch aufhält?

Zirkuläre Zeit ermöglicht geistiges Heilen

Denken wir einmal an die wunderbaren Heilerfolge des geistigen Heilens oder der Fernheilung. Dies wird nur dadurch möglich, dass die Zeiten sich umkehren. Der Arzt sagt einem Schwerkranken, dass dieser seiner Erfahrung nach mit seiner Krankheit noch maximal einen Monat zu leben hat. Nach den Gesetzmäßigkeiten der linearen Zeit hat der Arzt wahrscheinlich sogar recht, wenn seine Diagnose stimmt. Aber in der zirkulären Zeit, jener Zeit, in der die Seele des Patienten lebt und wirkt, ist dieser zu jeder Zeit heil und ganz. Wenn wir es als Heiler schaffen, für einen kurzen Moment den Zeitkorridor zu öffnen, so dass die zirkuläre Zeit erreicht wird und damit die Seelenebene, so kann dieser Mensch wieder gesund werden

Die Beziehung zwischen Zeit und Zirkel

und weiterleben, vorausgesetzt, es liegt in der Absicht seiner Seele.

Das wissenschaftliche Denken ist deduktiv und linear, und kann solche Vorgänge daher nicht verstehen. Es betrachtet die Eizelle, das Ei und wie das Küken daraus schlüpft und wächst. Es kann nicht verstehen, dass in der zirkulären Zeit das Küken schon komplett da ist und mit seinem Bild die Entwicklung beeinflusst. Das zirkuläre Zeitverständnis kann enorme Auswirkungen auf das gesamte Feld, auf das Kollektiv haben, das ja bis jetzt von Vorstellungen geprägt ist wie: „Ich arbeite von… bis…", „Sprechzeiten sind…", „Mit 40 bist du zu alt für eine Karriere usw."

Den Tod als ultimativen Endpunkt verdrängen wir möglichst, weil sich mit ihm jene dunkle, unüberwindbare Lücke für unseren Verstand öffnet, die aus dem linearen Zeitverständnis erwächst, das sich nur an die vergänglichen Dinge der Außenwelt koppelt. Ein neues Verständnis der Zeit wird auch eine entscheidende Wirkung auf unsere eigene Biographie haben. Was wir nicht alles schaffen und erreichen müssen, in diesem einen kurzen Leben! Das erzeugt einen starken Druck. Denken wir in Zyklen und Kreisen, dann können wir alles mit einer viel größeren Ruhe entwickeln.

Medialitätsschulung und Zeitverständnis

Die Schulung der Medialität setzt voraus, dass ich ein anderes Verhältnis zur Zeit gewinne. Wie könnte ich sonst etwas aus der Vergangenheit oder über die Zukunft eines Menschen erfahren oder gar Zugang zu jener anderen Welt bekommen, in der die Verstorbenen oder andere geistige Wesenheiten wohnen? Zirkuläres Denken ermöglicht eine ununterbrochene Kommunikation. Aus diesem Grunde erübrigen sich die verstandesmäßigen Fragen: „Wie lange muss ich im Zirkel sitzen um zu……?". Eine solche Frage zeigt, dass noch das lineare Denken vorherrscht. Man sitzt einfach so lange im Zirkel, bis sich die eingeprägten Vorstellungen von Raum und Zeit zu verändern beginnen und sich neue Welten auftun. Ganzheitliches,

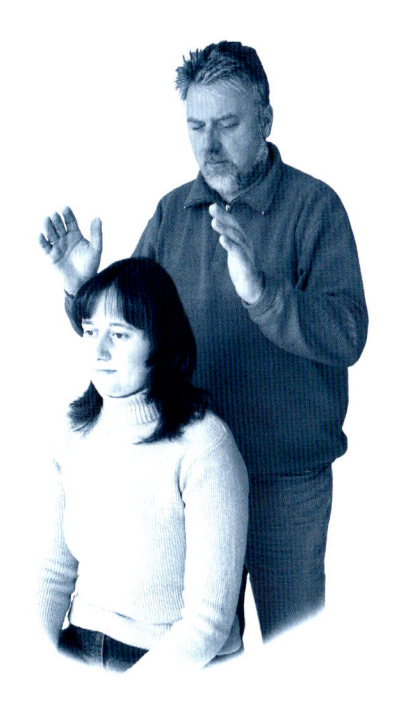

Geistiges Heilen unterliegt den Prinzipien der zirkulären Zeit

> **Die Beziehung zwischen Zeit und Zirkel**

zirkuläres Denken ermöglicht die Aufhebung jener Illusion, die durch den Verstand geschaffen wird. Aus der Unerbittlichkeit der Festlegung und Begrenzung erwächst die Freiheit. Aus der großen Lebensangst wird Zuversicht.

2.2 Die Wesenheit des Raumes

„Raum ist jene göttliche Energie, die uns eine Verwirklichung unserer Ideen ermöglicht, uns das Verhältnis von Ursache und Wirkung erfahren lässt und ist auch jene göttliche Allgegenwart, die bewusste Beziehung möglich macht."

Harald Knauss

„Urzeit war es,
da Ymir hauste:
nicht war Sand noch See
noch Salzwogen,
nicht Erde unten
noch oben Himmel,
Gähnung grundlos
doch Gras nirgend."
Die Edda (Der Seherin Gesicht)

„Ohne aus der Tür zu gehen,
kennt man die Welt.
Ohne aus dem Fenster zu schauen,
sieht man den SINN des Himmels.
Je weiter einer hinausgeht,
desto geringer wird sein Wissen.

Darum braucht der Berufene nicht zu gehen
und weiß doch alles.
Er braucht nicht zu sehen
und ist doch klar.
Er braucht nichts zu machen
und vollendet doch.
LaoTse (Tao te king, E. Diederichs Verlag, Düsseldorf, 1978, S.90)

Die Energie des Raumes

Die Raumenergie ist ein weiterer wichtiger Faktor in der Zirkelarbeit. In England erfährt man im Rahmen der medialen Schulung nur etwas darüber, welche äußerlichen Voraussetzungen bei einem Zirkelraum gegeben sein sollten, wie z.B. Größe des Raumes, Temperatur etc. Aber in Wirklichkeit geht es bei der Zirkelarbeit im Umgang mit dem Raum um weit mehr. Es geht darum, den Raum an sich als lebendige Wesenheit wahrzunehmen und zu erfahren und zu erkennen, dass es über den

Die Wesenheit des Raumes

„Objekt- oder Dingraum" hinaus viele Räume in „Gottes Haus" gibt. Denn es ist die Raumenergie, die letztendlich die Manifestation von Bewusstsein ermöglicht. Wenn wir uns mit Sensitivität und Medialität beschäftigen, so werden wir zwangsläufig neue Räume betreten müssen. Das Aufschließen solcher neuen, inneren Räume wird dann auch unsere Wahrnehmung des äußeren Raumes verändern. So kann das sichtbar werden, was vorher schon unsichtbar da war. Ein Beispiel: Jeder Mensch trägt mit sich ein Energiefeld, die Aura, die sich ebenfalls im Raum befindet, sich ausdehnen und zusammenziehen kann. Aber ohne Training können die meisten Menschen dieses Aurafeld im Raum nicht wahrnehmen. Sind die sensitiven und medialen Kräfte entwickelt, dann verfügt man neben dem Zugang zum objektiven Raum auch noch Zugang zu anderen Räumen.

Dass es andere Raumwirklichkeiten gibt, haben die esoterischen Lehren und die frühen Kulturen von jeher postuliert. Je nach Weltbild änderte sich auch die Vorstellung von Raum. Auch die moderne Wissenschaft kommt zunehmend zu der Einsicht, dass es tatsächlich nicht nur einen Ding-Raum gibt, in dem verschiedene Koordinatenpunkte miteinander in Beziehung stehen, sondern es auch andere Wirklichkeiten von Raum gibt. Der Physiker Dr. Robert Foot hat beispielsweise die „Supersymmetrie", die Theorie von Spiegelwelten entwickelt, und Johnjoe McFadden, Professor für Molekulargenetik bestätigte seine Theorie:

„Für jedes Materieteilchen in unserer Welt gibt es einen Doppelgänger aus reiner Energie in einer anderen. In der Spiegelwelt der Supersymmetrie wird aus Licht Materie. Wenn wir Licht und Energie mit etwas Geistigem gleichsetzen, könnte dort aus Gedanken also Wirklichkeit werden. Nach den Untersuchungen von McFadden entsteht Bewusstsein nicht durch die Impulse der Nervenzellen, sondern durch das elektromagnetische Feld (Energie), das unser Gehirn umhüllt und durchströmt. Dieses Feld wird durch Photonen erzeugt und zusammengehalten – und erschafft auf diese Weise unser Bewusstsein. Wenn Energie in der Spiegelung zur Materie wird, dann bedeutet dies, dass die Energie des Bewusstseins (also Gedanken) sich in der Spiegelwelt in Materie verwandelt."
(zitiert aus 11/2002 P.M. Magazin)

Einige große Denker und Wissenschaftler wie zum Beispiel der Physiker G. Th. Fechner (1801-1887) gehen davon aus, dass eine physische Vollform sich vom Mittelpunkt nach außen in die Welt wölbt und sich divergierend, zentrifugal verhält, wie es zum Beispiel bei der Kugelform der Fall ist. Der Geist verhalte sich genau spiegelbildlich. Er wirke von einem Überraum ein, ähnlich einer Hohlform, verhält sich also zentripetal und konvergierend. Die Offenbarung des Geistes ließe sich

Die Wesenheit des Raumes

demnach einem Tennisball vergleichen, der in einem Moment, ohne dass er zerstört wird, seine Innenfläche zur Außenfläche wandelt. Das gleichzeitige räumliche Verhältnis Objekt- und Geisteswelt wäre also vereinfacht dem Verhältnis von Innen- und Außenhaut eines Tennisballes vergleichbar.

Die Manifestation der Gedankenkraft

Die theosophischen Lehren, inspiriert von der indischen Philosophie, gingen stets von einem Weltbild aus, das neben der substanziellen Ebene noch viele weitere feinste Ebenen kennt. Gefühle erscheinen auf der „Astralebene" als Farben, Gedanken auf der Mentalebene als Formen, wie es der Theosoph Charles Leadbeater in vielen seiner Bücher dargestellt hat. Die theosophische Vorstellung geht von gewissermaßen ineinandergeschachtelten Räumen oder Ebenen aus.

Physiker Dr. Robert Foot

Bauen wir zum Beispiel auf der Mentalebene eine Idee zu einer ganz klaren Form aus und versehen sie mit der magnetischen Energie unserer Emotionalebene, unserem Wunschbegehren, dann kann die Anziehungskraft der Form so mächtig werden, dass sie schließlich in die materielle Ebene niedersteigt und sich manifestiert. Die Energie verdichtet sich dann so weit, bis die Form konkret und Teil des Raumes wird. Bevor sich also etwas so weit verdichtet oder materialisiert, dass es eine konkrete Gestalt im Objekt-Raum annimmt, ist es auf anderen Ebenen oder in anderen Räumen bereits vorhanden. Letztendlich ist die irdische Form die dichteste Manifestation von etwas Geistigem, gewissermaßen seine äußerste Grenze.

Prof. Johnjoe McFadden

Das lässt sich auch am Verhältnis Licht und Dunkelheit aufzeigen: Irdische Körper oder Objekte ziehen sich aus der Weite zurück, verdichten und begrenzen sich, womit sie sich voneinander abschließen. So entsteht individueller, körperlicher Raum. Verstofflichung bedeutet immer Zunahme der Schwere und damit auch Verdunkelung. Licht dagegen ist ultraleicht, spannt

Der Wissenschaftler und Denker G. Th. Fechner (1801–1887).

107

sich über den Raum aus, ist voller Bewegung, ist sphärenhaft und ungreifbar. Alles Seelische ist daher dem Lichthaften zu vergleichen, alles Körperliche dem Dunkel.

Eigenschaften des irdischen Raumes

Was ist der irdische Raum, der Objekt- oder Ding-Raum für uns? Er ist ein Neben- und Auseinander. Feste Hüllen schließen ein Wesen vom anderen ab. Wir treten uns als „Körperdinge" oder objektive Formen im Raum gegenüber. Wir können etwas anhand seiner Oberfläche, die sich uns entgegenwölbt, betasten, wir können in sein Inneres hineinsehen, aber wir können ihm nicht wirklich nahe kommen auf dieser Ebene. Es bleibt stets eine Grenze zum Wesen, das eben auf dieser Ebene nicht zuhause ist. Der Ding-Raum lässt uns die Isolation spüren, die aber notwendig ist für eine Individuation, für Selbsterfahrung und Selbsterkenntnis. Gleichzeitig stellen wir fest, dass jede Zusammenballung zu einer konkreten Form uns einem unendlichen äußeren Weltenraum gegenüberstellt, in dem wir winzig und verloren wirken. Aber in uns tragen wir selbst ein unendliches Universum an feinsten Teilchen, sind wir ein Mikrokosmos. Nie werden wir das Ende des Universums ermessen können, so wenig wie wir jemals die kleinsten Teilchen des Mikrokosmos finden werden.

Die Kulturen vor uns haben zum Teil eine völlig andere Raumwahrnehmung gehabt und wir müssen auch heute zu der Erkenntnis kommen, dass es keine abstrakten, messbaren Größen gibt, die Zeit und Raum für die Ewigkeit festschreiben können. Raum wie Zeit sind an unser Bewusstsein angekoppelt.

Der brillante anthroposophische Wissenschaftler Otto J. Hartmann hat in seinem Werk immer wieder das Wesen von Zeit und besonders auch Raum untersucht. Er sieht drei Aspekte bzw. Qualitäten des Raumes, die gleichzeitig existieren und deren Verständnis für unsere Zirkelarbeit sehr erhellend ist. Denn mit fortlaufender Entwicklung unserer Fähigkeiten im Zirkel erobern wir uns nach und nach diese drei Räume. Wenn wir als Anfänger zum ersten Mal einen Zirkel gründen, dann befinden wir uns in jener Art Raumwahrnehmung, die Hartmann den „geometrischen Raum" nennt.

2.2.1 Der geometrische Raum

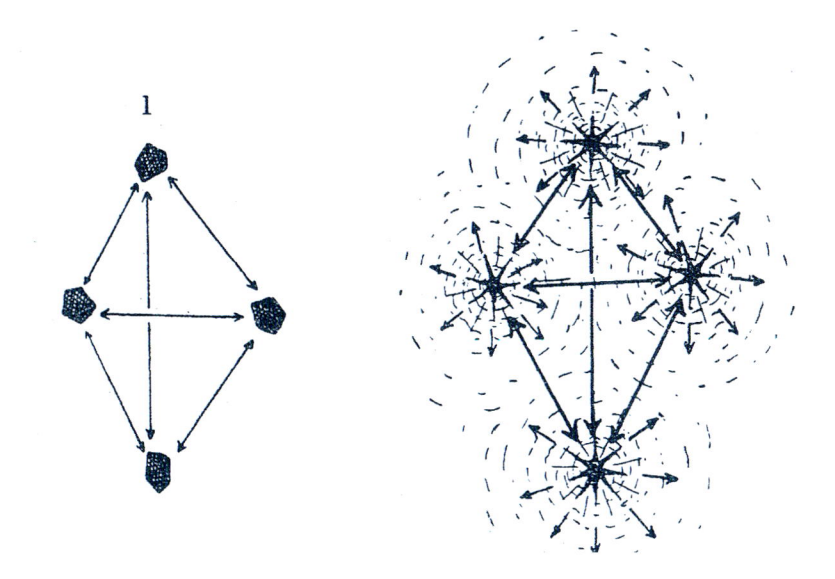

Dieser Raum existiert als eine Art Punkt-Raum oder atomistischer Raum. Die Verortung des einzelnen Punktes ist hier ausschlaggebend. In diesem Raum reiht sich Punkt an Punkt, Abstand an Abstand. Alles existiert hier voneinander getrennt und wir nennen das auch die Außenwelt. Wir als Menschen schauen von unserem Ort des Hier und Jetzt, dem „Da-Sein", hinaus in die unendlichen Weiten des „Dort-Draußen". In dieser Raumvorstellung wird nur die Beziehung zwischen festen Körpern oder Kraftpunkten untersucht, wie zum Beispiel der Einfluss durch Stoß oder Druck. Der leere Raum gilt als unwirklich, so wie ein Zimmer eben die Einrichtungsgegenstände umschließt oder ein Sack die Weizenkörner. Das Weltgebäude ist hier das Resultat von Orts-, Bewegungs- und Kraftbeziehungen zwischen materiellen Teilen. Man kann diesen Raum den Ding-Raum nennen. Für den Menschen existiert hier eine tiefe Kluft zwischen Denken (Gedanke) und Körpergefühl (Hand).

Materie lässt sich nicht denken und Raum nicht betasten oder wägen. Daher gab es einen steten Widerstreit zwischen der Weltsicht der Realisten und jener der Idealisten. Aber Ausgangspunkt ist stets der Mensch, der sich allein als Realität erlebt, weshalb diese Raumbetrachtung auch geo- und anthropozentrisch zu nennen ist. Es ist der menschliche Wille, der hier als schöpferisches Eigenwesen auftritt. Interessant ist in dieser Hinsicht die Beschäftigung mit der Kunstgeschichte. Die perspektivische Malerei setzte in der Kunstgeschichte relativ spät ein, eigentlich erst, als das „Ich" des Menschen immer stärker in den Vordergrund trat und der Wille zu handeln und zu bewegen zunahm. Das perspektivische Weltbild ist seinem Wesen

Der geometrische Raum

nach „ohne Ende". Es ist nicht vollendbar, lässt sich nicht abschließen, denn nach jeder Perspektive tut sich schon eine neue auf.

Die Unendlichkeit des Raumes

Das Phänomen der Unendlichkeit zeigt sich auch in der Naturwissenschaft, wo man eine lange Zeit dachte, das Atom sei das kleinste Teilchen des Kosmos, bis man immer noch kleinere entdeckte. Heute sind die Teilchen so klein, so unwirklich, dass Physik und Spiritualität sich immer näher kommen und beginnen sich zu überlagern. Der Blick in die Weiten des Universums lehrt dasselbe, denn neueste Forschungen lassen vermuten, dass sich das Universum kontinuierlich immer weiter ausdehnt. Durch Bewegung kommt man also nicht bis an das Ende des Raumes, weder im Mikro- noch Makrokosmos. Er lässt sich einfach nicht ermessen. Aus dieser Erkenntnis heraus haben die östlichen Denker den Weg der Meditation entwickelt, das Sitzen an einem Ort, an dem alles ist.

Einen solch geometrischen Raumzustand, wie er in der Objekt- und Dingwelt herrscht, finden wir bei Gründung und Beginn der Zirkelarbeit vor. Der Zirkel setzt sich aus mehreren Einzelpersonen zusammen, was gleichbedeutend ist mit lauter unterschiedlichen, individuellen, soliden, mehr oder weniger abgeschlossenen Kraftzentren, die sich gegenseitig über Druck- und Zugkräfte beeinflussen. Es herrscht noch kein homogenes Feld vor und man findet im günstigen Fall einen „Modus Vivendi", wie wir als Individuen zusammenarbeiten können. Es entstehen Regeln, Absprachen und Gesetze der Gruppe, die Kräfte regeln, so dass ein Miteinander möglich wird.

Im Prinzip gehen wir geometrisch vor, wenn wir eine Gruppe für die Zirkelarbeit zusammenstellen. „Wer passt zu wem? Was ist die optimale Sitzordnung? Wo sitzen wir im Raum? Welche Kräfte besitzt jeder und wie wirkt das auf mich?" Dies sind grundlegende Fragen, die zu Anfang von Bedeutung sind. Durch kontinuierliche Zirkelarbeit verschmelzen die einzelnen Kraftpunkte der Mitglieder immer mehr zu einem homogenen Kraftfeld, was unserem Bewusstsein die Tür zu einer anderen Qualität des Wesens Raum öffnet, nämlich die Tür zum dynamischen Raum.

2.2.2 Der dynamische Raum

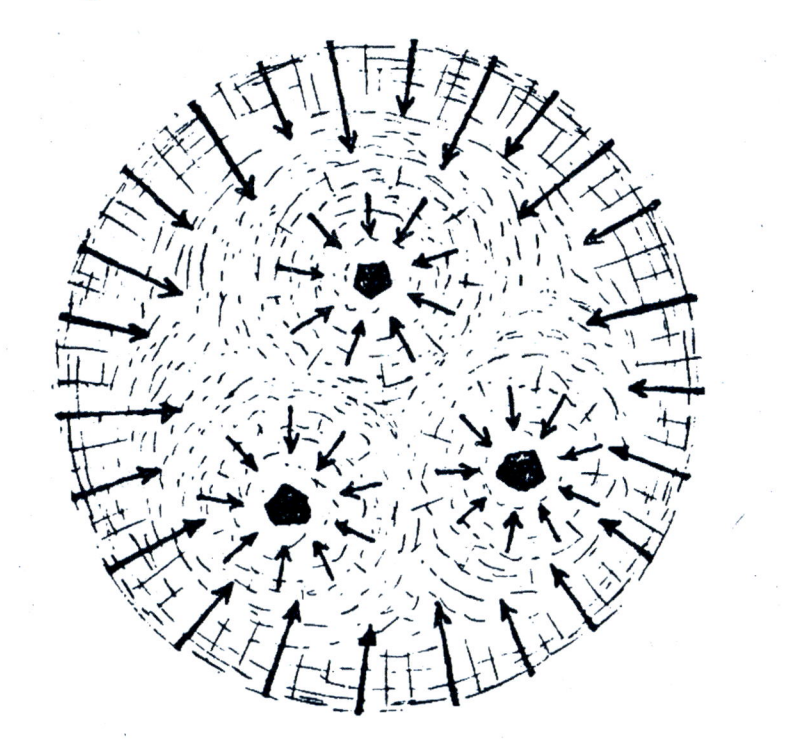

Im dynamischen Raum wird das Leben nicht auf eine starre, lokalisierte Dinglichkeit begrenzt. Das Leben wird als raumübergreifend und auf alles einwirkend betrachtet. Es existiert in einem ineinander Verwobensein und ist somit der Weltraum der Innerlichkeit. Dazu bedarf es der Fähigkeit, vom übergeordneten Umraum hinein auf die Mitte zu schauen. Der Raum als Ganzheit, als dynamisches Welt- oder Organisationsfeld wirkt auf die Körperdinge (Objekte) bewegend und formend ein. Alles hängt mit allem zusammen. Diese Anschauung findet man auch unter der Begrifflichkeit des „morphogenetischen Feldes". Der Raum ist hier nicht Bezugssystem von Dingen, sondern wird selbst zur dynamischen Wirklichkeit. Er wirkt führend und übergreifend als Ganzes auf die Teile ein. Er lässt sich somit dem Kollektivgeist vergleichen. Die einzelnen Teile haben durchaus eine gewisse Selbstständigkeit, was sich positiv oder negativ auf das Gesamte auswirken kann. Das erzeugt nicht nur Dynamik, sondern auch Dramatik. Wir haben also zum einen eine Einstrahlung vom Gesamtfeld, wie auch eine Ausstrahlung der einzelnen Teile.

Hat ein Zirkel Fahrt aufgenommen, so wächst eine einheitliche Schwingung, entsteht langsam ein Gruppenfeld: ein dynamischer Raum. Der Zirkel besteht immer noch aus Einzelpersönlichkeiten mit ihrer Ausstrahlung, die ihre Energie bereit-

Der dynamische Raum

stellen. Gleichzeitig geht jetzt aber eine stetig zunehmende, gestaltende Einwirkung vom Kreis aus. Der Umkreis, der Zirkel beginnt zunehmend Einfluss auch auf die einzelnen Ich-Zentren zu nehmen. So wird der Zirkel zu einem dynamischen Kraftfeld, zu einem Feld des Austausches von Energien, von gegenseitiger förderlicher Wirkung. Dadurch verstärkt sich das Energiefeld der einzelnen, wie auch des Zirkels insgesamt. Der Wirkungsradius des Zirkels vergrößert sich immer mehr und deshalb können, wenn die Zirkelenergie stark genug ist, auch Gegenstände bewegt werden (Telekinese) oder Fernheilungen stattfinden.

Im dynamischen Raum befinden wir uns aber immer noch im Bereich des persönlichen Denkens. Wir werden uns zwar vieler Kräfte des Kosmos bewusst, die auf uns einwirken, so wie auch wir unsere Wirkungen erkennen können, aber dies bleibt noch innerhalb unserer Persönlichkeit. Ist das dynamische Feld eines Zirkels gleichmäßig in die Breite (= Erdung), wie auch in die Höhe (= Spiritualität) gewachsen, so wird ein hoher Energiepegel erreicht, der es uns ermöglichen kann, den Kontakt zu einem weiteren Raum herzustellen. Das wäre der Griff nach dem geistigen Raum, den man auch „Über-Raum" nennen könnte. An dieser Stelle begeben wir uns von der Sensitivität auf die Ebene der Medialität.

2.2.3 Der Über-Raum

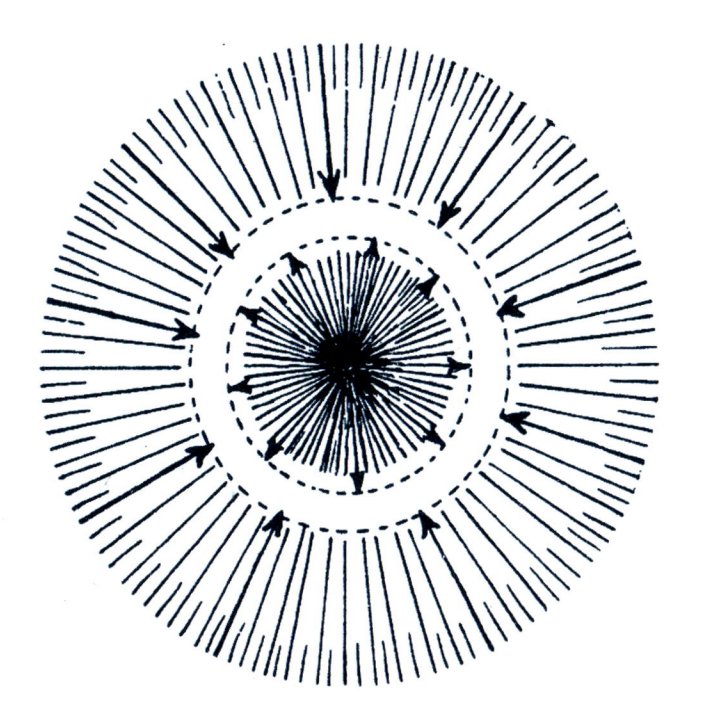

Der Über-Raum ist identisch mit dem geistigen Wesen, der göttlichen Schöpferkraft. Alle Erscheinungen der anderen Räume sind durch ihn inspiriert und belebt. Das Individuelle, der Punkt, ist eine äußerste Grenze dieses Geistigen. In den östlichen Schriften wird die Materie als dichteste, stofflichste Form des Geistes bezeichnet. Das Geistige ist das, in dem alles ist. Es ist die Ursache dafür, wieso der Mensch den Raum auch als etwas Geistiges erleben kann, das ihn zum Handeln und Wirken auffordert. In einem solchen Überraum, einem geistigen Himmel, wie er in der Vorstellung früherer Kulturen existierte, ist alles Eingebung, Inspiration und letztendlich göttliche Gnade. Ein solches Weltbild wird als kosmo- oder theozentrisch bezeichnet.

Im Gegensatz zum Über- oder Gegenraum, dem Unendlichen, das in das Innen hineinstrahlt und dort sammelt, verstrahlt sich der Ding-Raum, der das Ich oder das Objekt als Zentrum nennt, nach außen und zerstreut.

Wunderbar kann man den gravierenden Unterschied zwischen dem geometrischen und dem geistigen Raum an der Herstellung eines Kreises sehen. Im Westen nehmen wir den Zirkel und stechen ihn zuerst im Mittelpunkt ein, um welchen dann der Kreis gezogen wird. Ganz anders der östliche Zen-Meister. Er malt den Kreis

> Der Über- Raum

von seiner unendlichen Sphäre aus, zieht ihn frei Hand. Der Mittelpunkt bleibt der Leere, dem unsichtbaren Geist vorbehalten.

Im Zirkel haben wir diesen Raum erreicht, wenn unser Bewusstsein so weit entwickelt ist, dass es die geistige Welt berühren kann. Dieser Raum ist das, was in der Esoterik als Ätherebene bezeichnet wird, wobei wir hier aber von einer göttlichen Qualität, einem Wesensaspekt des Göttlichen, sprechen.

„Der Raum ist von ätherischer Art und ist eine Entität oder Wesenheit. Die Größe des Menschen liegt in der Tatsache, dass er den Raum wahrnimmt und sich diesen vorstellen kann als den Bereich göttlich-lebendiger Wirklichkeit, voll lebendig wirksamer, intelligenter Formen, deren jede im Ätherkörper dieser unbekannten Wesenheit eingeordnet ist; eine jede mit der anderen verbunden durch die Macht und Kraft, die sie nicht nur am Dasein, sondern auch in ihrer Stellung zueinander erhält."
Alice Bailey (Telepathie und der Ätherkörper, S.192, Verlag Lucis Genf, 1971)

Zen-Kreis

Der Ätherraum

Der sogenannte Äther als lebendige Energie durchströmt die ganze Schöpfung und jedes einzelne, manifestierte Teilchen in ihr ist in diesen Äther eingebettet. Alle Räume liegen ineinander, weshalb ein Verstorbener im örtlichen Sinn nirgendwohin geht, er tritt nur in eine andere Raumwirklichkeit ein. Indem alles seinen objektiven Körper aus dem Äther aufbaut und in diesen auch eingebettet bleibt, sind letztendlich alle Einzelteile, alle subjektiven Wesen, miteinander verwandt, denn sie kommen alle aus der gleichen Quelle.

„Der individuelle Ätherleib ist kein isolierter und abgesonderter menschlicher Träger, sondern in einem besonderen Sinne ein integraler Teil des Ätherkörpers jener Wesenheit, die wir die Menschheit nennen. Dieses Naturreich ist mittels seines Ätherleibes ein integraler Bestandteil des planetarischen Ätherkörpers, dieser wiederum ist nicht von den Ätherkörpern der anderen Planeten getrennt, sondern sie alle bilden zusammen mit der Sonne den Ätherkörper des Sonnensystems. Dieser ist verbunden mit den Ätherkörpern der sechs Sonnensysteme, die mit dem unseren eine kosmische Einheit bilden; und in diese Systeme strömen Energien und Kräfte von bestimmten

großen Sternbildern. Das Raumfeld ist dem Wesen nach ätherisch und sein Wesen besteht aus der Gesamtheit der Ätherkörper aller darin befindlichen Sternbilder, Sonnensysteme und Planeten. Durch dieses goldene kosmische Gewebe flutet ein ständiger Kreislauf von Energien und Kräften. So wie die Kräfte des Erdplaneten und des inneren geistigen Menschen durch den Ätherleib des individuellen Menschen auf der physischen Ebene fließen und seine Lebensäußerungen, Tätigkeiten und Eigenschaften bedingen, genau so fließen auch die mannigfaltigen Kräfte des Universums durch jeden Teil des Ätherkörpers jener Wesenheit, die wir Raum nennen."*
Alice A. Bailey (Esoterische Astrologie, S. 22, Verlag Lucis, Genf XXXX)

„Für den Logos bedeutet Raum wörtlich die Form, in der Seine bewussten Aktivitäten und Absichten verwirklicht werden – das heißt den solaren Grenzring. In ähnlicher Weise umfasst der Raum, in dem ein planetarischer Logos Seine Pläne durchführt, so viel solaren Raum, als die die jeweilige Reichweite Seines Bewusstseins Ihm zu benutzen gestattet. Der Mensch wiederholt den Vorgang und sein Grenzring deckt sich mit der Reichweite seines Bewusstseins; er mag also im Falle geringer Entwicklung eng umgrenzt sein, oder aber sich über einen erheblichen Teil des planetarischen Raumes erstrecken."
Alice A. Bailey (Eine Abhandlung über Kosmisches Feuer, S.342)

Verbundenheit im Ätherraum

„In ihm leben und weben wir", ist ein weiterer Ausspruch, der besagt, dass alle Wesen aus diesem lebendigen Ätherraum geschaffen und durch ihn miteinander verbunden sind. Dennoch hat jedes seine individuelle Daseinsform. Die Luft, die wir gemeinsam mit allen teilen, ist ein gutes Beispiel dafür. Das Prinzip des Raumes in Räumen findet man sehr schön und anschaulich dargestellt in den Matroschkas, den russischen Holz-Puppen, die in sich viele gleiche, kleinere Puppen enthalten.

Die russischen Matroschkapuppen

Der Über-Raum

Da die Ätherebene, dieser geistige Raum, für unsere Körpersinne nicht konkret fassbar ist und doch Ursache des Ding-Raumes ist, wurde sie von den chinesischen Philosophen als „die große Leere" oder „das große Nichts" bezeichnet, in dem alles ewig ist und aus dem alles entsteht. Genial hat LaoTse diesen Raum beschrieben:

> *„Dreißig Speichen umgeben eine Nabe:*
> *In ihrem Nichts besteht des Wagens Werk.*
> *Man höhlet Ton und bildet ihn zu Töpfen:*
> *In ihrem Nichts besteht der Töpfe Werk.*
> *Man gräbt Türen und Fenster, damit die Kammer werde:*
> *In ihrem Nichts besteht der Kammer Werk.*
>
> *Darum: Was ist, dient zum Besitz.*
> *Was nicht ist, dient zum Werk."*

LaoTse (Tao te king, E. Diederichs Verlag, Düsseldorf, 1978, S.51)

Die Bedeutung der Leere

Die objektive Welt der Dinge, wie sie im geometrischen Raum existiert, können wir er- und begreifen, können wir in Besitz nehmen. Alles, was im dynamischen und geistigen Raum lebt, können wir nicht ergreifen, aber wir können damit etwas bewirken und es auf uns wirken lassen. Die Objekte können und dürfen nicht allen Raum füllen, eine Wirkung würde dann unmöglich, ähnlich einem Zimmer, das wir komplett mit Möbeln zustellen. Daher findet sich im Universum viel Leere, die eigentlich keine ist, sondern die Möglichkeit des Wirkens bereitstellt. Auch in uns selbst, in unserem Körper, gibt es unendlich viel „leeren Raum", wenn wir den Abstand zwischen den Atomen und Molekülen betrachten. Irgendein Wissenschaftler hatte einmal die Rechnung aufgemacht, dass, wenn wir allen leeren Raum in uns entfernen könnten, von uns nur eine substanzielle Form in Stecknadelkopfgröße übrig bliebe.

Die Leere ist also auch ein wichtiger Bestandteil unserer selbst. Denn in der Leere fließt jene Energie, die wir Äther, Prana oder Chi nennen, die Kraft der Vitalität. Vögel wurden nicht nur wegen ihres Flugvermögens als geistige Wesen betrachtet, sondern auch deshalb, weil sie diese Leere bis in ihren grobstofflichsten Anteil hineingenommen haben, nämlich in ihr Knochensystem. Sie haben sogenannten Luftröhrenknochen, die ihnen das Fliegen ermöglichen. Damit kann der Geist des Göttlichen besser in ihnen zirkulieren, so die esoterische Ansicht.

Der Über-Raum

Der atomare Aufbau von Silizium.
Zwischen den einzelnen Atomen gibt es jede Menge leeren Raum.

Erreichen wir im Zirkel gemeinsam jenen Zustand der Leere, dann kann die geistige Welt diese mit ihrer Anwesenheit füllen, was zu einer Steigerung der Kräfte führt und eine beflügelnde Inspiration zur Folge hat. Der Überraum wirkt dann auf den Zirkel und seine Mitglieder ein. Der Kontakt zur geistigen Welt ist etabliert. Von diesem Moment an herrscht eine vergrößerte Verantwortung und Verpflichtung in Bezug auf den Zirkel.

Die drei Räume im Vergleich

Geometrischer Raum	Dynamischer Raum	zirkulär
Objekt, konkrete Form, Sein	Kraft, Wirkung	Harmonie
ermöglicht Individualität	erkennt Ursache-Wirkung-Beziehung	Kreis
Einzelmitglieder des Zirkels	Zirkel als homogenes Kraftfeld	wahrnehmend
Sensibilität	Sensitivität	Konzentration
passiv, wahrnehmend	aktiv, gestaltend	gruppenbewusst
körperlich, persönlich anwesend	bewusst anwesend	Ganzheitlichkeit

Der Über- Raum

Balance zwischen den Räumen

Den Objektraum erleben wir als dinglichen, konkreten Raum außerhalb unserer selbst. Die Dynamik der Kräfte spüren wir an unserer Oberfläche, wenn unser eigener Raum an einen anderen Raum stößt. Den geistigen Raum erleben wir als etwas rein Innerliches. Jeder dieser Räume ermöglicht uns ein Lernen, bietet Chancen der Entwicklung, kann uns aber auch gefangen nehmen. Ist unser Bewusstsein nur auf den äußeren Raum gerichtet, auf die Welt der Objekte, so vergessen wir unsere höheren, geistigen Anteile. Wir können uns völlig in Handlungen oder Erkenntnissen verlieren, die nur unserem persönlichen Wollen und Begehren folgen. Ist unser Bewusstsein nur auf den Innenraum gerichtet, so können wir in den Elfenbeinturm einer abstrakten Weltvorstellung geraten, umfangen von Illusionen. Wir müssen lernen die Wirklichkeit aller drei Räume zu erleben und zu balancieren.

Es gilt noch eine besondere Kraft zu erwähnen, die sowohl mit der Zeit, aber vor allem auch mit dem Raum verbunden ist: unser Atem. Schon die Schöpfungslehren beschreiben die Erschaffung der Welt als einen Vorgang des Ausatmens des Göttlichen, wodurch die Bewegung, die Schöpfung entsteht. Atmet das Göttliche irgendwann wieder ein, wird die objektive Welt wieder verschwinden. Der Kosmos kehrt in seinen Ruhezustand (indisch: Pralaya) zurück. Ein- und Ausatem bestimmen auf allen Ebenen den Kreislauf des Wandels. Wenn wir einatmen, dann holen wir den Umraum in uns hinein, was als Verstofflichung oder Verräumlichung erlebt wird. Für die Musiker unter uns ist interessant, dass Rudolf Steiner den Einatem-Prozess mit den Moll-Tonarten in Verbindung brachte, denn es kommt eine Schwere hinein. Mit dem Ausatem entlassen wir etwas und es findet eine Entstofflichung, Enträumlichung, statt, was nach Steiner den Dur-Tonarten entspricht.

Der Odem, der Lufthauch, versinnbildlicht in zahlreichen Schöpfungslehren den Vorgang des Ausatmens, aus dem die Schöpfung entstand.

Der Über-Raum

Über den Atem können wir die Dynamik des Raumes kennen lernen. Die östlichen Lehren betrachten den Raum stets als lebendige Wesenheit und widmen sich vor allem jenem dynamischen Aspekt, den sie als „Prana" oder „Chi" bezeichneten. In der deutschen Sprache kennen wir das wunderbare Wort „Odem", von dem sich auch der Begriff „Od" ableitet. Die Luft ist ein Träger dieser dynamischen Energie. Daher ist im Zirkel ein bewusstes Atmen, das Ein- und Ausströmen von Energie, überaus hilfreich um dem Zustand der Leere näher zu kommen.

Fassen wir die Aspekte des Raumes zusammen:

Raum ist:
- ein göttlicher Aspekt und Ausdruck einer Wesenheit
- der Faktor, aus dem alles erschaffen ist.
- ein Aspekt der Ätherebene
- die Möglichkeit der konkreten Manifestation
- ein Ort des Wirkens
- eine Möglichkeit Energien auszustrahlen oder zu empfangen
- Grundlage der Beziehung und Verbundenheit aller Wesen miteinander
- je nach seiner Dichte ganz unterschiedlich
- ein Trägerstoff, der z.B. Telepathie oder Telekinese möglich macht.

2.2.4 Raum und Zirkelarbeit

Die Dichte der Raumenergie oder des Äthers ist sehr verschieden, weshalb es Räume, Ebenen, Formen oder Orte gibt, die wenig Energie abstrahlen, da sie alles aufsaugen und für sich verbrauchen und es solche gibt, die diese Ätherenergie leichter wieder abstrahlen. Deshalb haben verschiedene Raumformen jeweils eine andere Qualität an Energie. Das gilt auch für Landschaften, denn Untersuchungen ergaben, dass sich ein gehäuftes Vorkommen medialer oder heilerischer Begabung durchaus auch an Landschaftseigenschaften festmachen lässt. Förderlich scheint besonders der rote Sandboden zu sein, was unter anderem auch in der intensiven, magischen Kultur der Aborigines in Australien zum Ausdruck kommt. So mag der Standort und die Form eines Raumes für unsere Arbeit eine gewisse Rolle spielen. Sie können bestimmte Tätigkeiten unterstützen oder auch abschwächen. Das bestätigen auch unsere persönlichen Erfahrungen. Wer einmal einige Zeit in England medial gearbeitet hat, der weiß, dass die Schwingung dort mediales Arbeiten leichter macht, als hier bei uns auf dem Kontinent, wo die Schwingung insgesamt schwerfälliger ist.

Rund oder eckig.

Raumformen

Vom Menschen angelegte Räume sind immer in sich geschlossene Energiekreisläufe, deren Charakter von der Raumform geprägt wird. Viereckige Räume haben sehr viel Struktur, Spannung und Konzentration, was dem Lernen über die linke Gehirnhemisphäre sehr entgegenkommt. Faktische Informationen werden so leichter aufgenommen. Nur der rechte Winkel, eine Erfindung des Menschen, kann Dinge festmachen und festhalten. Im Quadrat zu sitzen wäre also kaum hilfreich für die sensitiv-mediale Arbeit, die weit mehr die Aktivität der rechten Gehirnhemisphäre benötigt. Die Form des Kreises jedoch kommt der Zirkelarbeit sehr entgegen, denn Kreise haben im Gegensatz zu rechteckigen Räumen keine Richtung. Sie umfassen

Die eckige Form erzeugt eine gänzlich andere Raumenergie als eine runde Form.

Der Über-Raum

alles und orientieren sich am Mittelpunkt. Im Kreis findet das Integrierte, das Zugehörige, das Umschlossene statt, während das Nicht-Integrierte, Ausgegrenzte außen vor bleiben muss.

Die unterschiedliche Wirkung von Raumformen kennen wir auch aus unserer eigenen Erfahrung. Zu Beginn unserer Zirkelarbeit wohnten wir in einem Schloss und zu unseren Räumen gehörte auch ein wunderbares, großes rundes Turmzimmer. Das war unser Zirkelzimmer. Die räumliche Energie dort war vollkommen anders als unser heutiger Zirkelraum, der in seiner Grundform rechteckig ist, aber ähnlich einer Pyramide an der Decke spitz ausläuft.

Die dynamischen Kräfte des Raumes

Innerhalb des Zirkelkreises dreht sich die Energie normalerweise im Uhrzeigersinn, gleich einer „Turbine oder Zentrifuge". Die Atome des Raumes werden dadurch aufgeladen, etwas das an jedem Ort passiert, an dem kontinuierlich eine bestimmte Energie, zum Beispiel durch Meditation, erzeugt wird. Das Energiepotential verstärkt sich mit jeder Sitzung, so dass man mit der Zeit in einem wirklichen Kraftfeld sitzt. Und dafür ist Zirkelarbeit zunächst auch gemeint. Man erhöht während des Zirkels die Schwingung seiner Körperatome, die wiederum die Raumenergie aufladen und so auf den Körper zurückwirken.

Im Alltag kann man diese im Zirkel erhaltene Energie zu Beginn meist nicht lange halten, sie schraubt sich wieder etwas herunter. Hat man nun idealerweise einen festen Zirkelraum, in dem nichts anderes gemacht wird als Zirkelarbeit, so kommt man zur nächsten Zirkelsitzung und sitzt sofort wieder unter der „Energiehaube", also der Energie, die der Raum durch die bisherige Arbeit gespeichert hat. Der Körper lädt sich sofort wieder auf und gibt nun seinerseits wieder Energie in das Feld, womit dieses weiter gestärkt wird. So schaukelt sich die Energie mit der Zeit hoch, bis ein riesiges Kraftfeld entsteht.

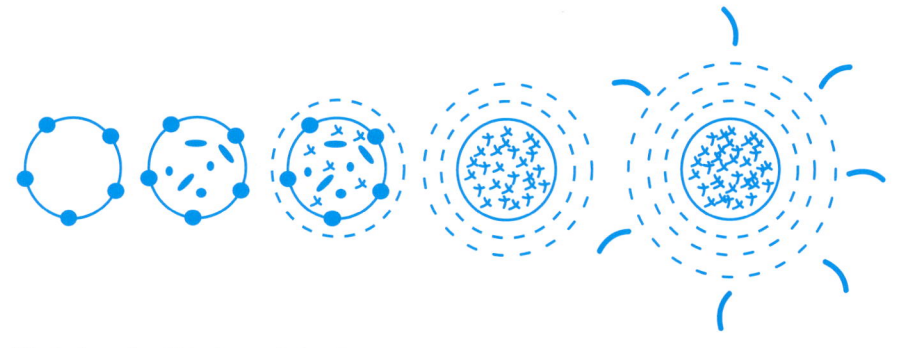

Wachstum der Zirkelenergie im Raum.

Raum und Zirkelarbeit

Der Raum fängt gewissermaßen zu leben an. Sein lebendiges Wesen wird erweckt. Jeder, der alte Gebäude mit Geschichte liebt, hat sicher schon die Erfahrung machen können, dass es dort meist einen oder mehrere Räume gibt, die besonders sind, die eine ganz eigene Persönlichkeit haben, die wie belebt, ja manchmal auch unheimlich wirken. Aus der Psychometrie wissen wir, dass Räume Abdrücke von Energien aller Art speichern, also Ereignisse, Gefühle, Gedanken usw.. Nur so sind ja auch Erlebnisse in einem Haus möglich, die supra-normal sind. Der Raum kann sich mitteilen. Es müssen nicht immer Geistwesen dahinterstehen. Ich selbst habe in unseren Räumen schon verschiedene Erlebnisse gehabt, die zu Beginn rein zufällig wirkten, sodass ich mir erst nichts dabei dachte. So habe ich beispielsweise einen Gegenstand auf dem Tisch liegen, den ich gerade benutzt habe und kurze Zeit später wieder brauche. Meine Erinnerung lässt mich den Gegenstand an seinem Platz suchen, aber dort ist er plötzlich nicht mehr. Ich suche und suche. Gebe ich die Suche dann irgendwann auf, so entdecke ich diesen Gegenstand plötzlich wieder an eben dem besagten Ort, als wäre er nie weg gewesen. „Haste nicht richtig hingeschaut", sagt dann der Intellekt, oder „Warste neben der Kappe". Wenn das aber überaus häufig passiert, dann kann der Intellekt das nicht mehr wegstecken. Früher hätten die Menschen ganz selbstverständlich gesagt: „Das war der Hauskobold!" und sie hätten ihm etwas geopfert, um ihn freundlich zu stimmen. Unsere Vorfahren haben die Wesen der Ätherebene noch sehen können, die sie als Natur- und Hausgeister bezeichneten.

Spukphänomene

Natürlich kann auch ein Verstorbener das Wesen des Raumes nutzen. Immer wieder einmal kommt es vor, dass Verstorbene einfach in ihrem Haus und ihren Räumen weiterwohnen. Wir sprechen dann von Spukhäusern. Heute beschäftigen sich ernsthafte Wissenschaftler wieder mit der Untersuchung solcher Phänomene. Der englische Wissenschaftler Richard Wiseman untersuchte Spukphänomene in Hampton Court, einem Palast der englischen Königin. Schreckliches hat dieser Palast in seiner Geschichte gesehen und so verwundert es kaum, dass auch heute noch Menschen dort Seltsames erleben. Wiseman nahm solche Berichte sehr ernst, da sie meist von ganz bodenständigen Angestellten des Hauses kamen und nicht von irgendwelchen wunderlichen Esoterikern. Er begann im Haus mit Geräten zu messen und stellte fest, dass an den Stellen, an denen besonders häufig „Geister" erschienen waren, ein viel stärkeres Magnetfeld herrschte als anderswo.

Dies war auch dem Neurowissenschaftler Michael Persinger aufgefallen, der Ufo- und Marienerscheinungen untersuchte. Auch er fand an solchen Orten ein stark verändertes Magnetfeld vor, das er in Zusammenhang mit den dort stets stark vorhandenen Eisenerzlagern brachte. Persinger begann Versuchsreihen aufzubauen,

> Der Über- Raum

in denen er eine Veränderung des Magnetfeldes simulierte, indem er einen Helm so mit Elektroden präparierte, dass dieser auf das Gehirn der Probanden entsprechend einwirkte. Die Magnetfeld-Änderungen fanden dabei im niedrigen Frequenzbereich, den sogenannten Schumann-Wellen statt, die übrigens auch bei Gewittern und Erdbeben erzeugt werden. Das Erstaunliche trat ein, die Probanden hatten unter dem Einfluss der Felder sonderbare mystische Erfahrungen.

Neurowissenschaftler
Dr. Michael Persinger

Die Wirkung akustischer Wellen

Ähnliche Ergebnisse ließen sich auch erzielen, wenn man mit stehenden akustischen Wellen im nicht hörbaren Niederfrequenzbereich arbeitete. So erklärt sich aus diesen Experimenten auch die starke Wirkung, die Orgelmusik in einer großen Kirche ausübt. Die großen Orgelpfeifen mit ihren Luftströmungen könnten durch eine Veränderung der elektromagnetischen Sphäre mystische Wahrnehmungen begünstigen. Ich finde dies überaus interessant, da sie bestätigen, wovon die alten Musikmeister überzeugt waren: Die These, dass Musik Menschen verändern könne, aber auch Einfluss auf die Natur habe. So sollen bestimmte Klänge das Wetter beeinflussen können, woher auch ursprünglich das Glockenläuten vor Sturm und Unwetter kommen soll. Für mich erklärt dies auch, weshalb in England zur Einstimmung in die Zirkelarbeit oder zum Ankurbeln der Energie Musik oder Gesang eingesetzt wird.

Wechselwirkung von Raumenergie und Zirkelarbeit

Für das Verständnis von Zirkelarbeit sind die Erkenntnisse und Erfahrungen über die Wirkung von Frequenzen und Feldern überaus hilfreich, denn letztendlich geht es immer darum, ein möglichst starkes, stabiles Energiefeld aufzubauen. Am Zirkel-Ort herrscht ein anderes magnetisches Feld als anderswo im Haus. Dies lässt sich ganz leicht spüren, vor allem für Personen, die als Gast einmal in einem Zirkel sitzen. Die meisten berichten schon nach kurzer Zeit entweder von einem Gefühl übergroßer Hitze oder von Kälte. Als Zirkelarbeiter müssen wir also begreifen lernen, dass der Raum Energie und lebendige Wesenheit ist. Der Raum verbindet alle Wesen, Welten und Zeiten miteinander.

Ich habe sehr oft erlebt, wenn ich in unserem Zirkelraum abends ruhig alleine sitze, dass plötzlich eine bekannte Stimme mich ruft, obwohl die Person nicht wirklich im Haus anwesend ist. Diese Stimme höre ich nicht mit dem äußeren Ohr, sondern innerlich, aber sie ist viel wirklicher, als wenn ich sie rein mit dem Ohr hören würde. Am Anfang war es manchmal Rosinas Stimme und ich dachte dann zunächst, sie sei früher aus der Praxis oder einem Kurs zurückgekommen, was aber eine „Einbildung" war. Der Begriff „Einbildung" ist in unserem Sprachgebrauch oftmals negativ besetzt. Es ist aber das richtige Wort für diese Art von Kräften. Rudolf Steiner spricht auch von „Bildekräften" und weniger von Ätherenergie. Die Raumwesenheit bildet einen Klang, ein Wort, eine Vision, was auch immer. Manchmal gibt es einen Hintergrund dafür: Beispielsweise hört man die Stimme einer Person und kurze Zeit später ruft diese wirklich an oder es steht einfach nur die Absicht im Raum „Vielleicht sollte ich mal wieder anrufen...". Manchmal will der Raum auch nur darauf hinweisen, dass er da ist, dass seine Energie angeregt ist, oder er will zur Arbeit mit dieser Energie aufrufen.

Bedeutung des Raumes für die Zirkelarbeit:

- Schutz, Erdung und Geborgenheit
- Möglichkeit ein Energiefeld aufzubauen: Energien empfangen, senden und speichern zu können
- Führt zur Erkenntnis, dass alles Leben ist. Dass es keinen unbelebten Raum oder tote Materie gibt
- Ermöglicht das Ausstrahlen in den Raum hinein. Transportiert unsere Schwingungen
- Erlaubt Kontaktaufbau, Beziehungen herzustellen und Isolation abzubauen
- Bietet die Chance die eigenen Kräfte herauszuarbeiten und in das Gesamte einzufügen
- Vermittelt die Erkenntnis, dass es nichts gibt, was sich nicht verändern lässt

2.3 Die Wesenheit des Menschen

„In jedem Menschen stecken gute Träume, Sehnsüchte nach Leben, wichtige Erfahrungen, Gaben und Fähigkeiten, Liebe und Wärme, Hoffnung auf eine bessere Welt, Bereitschaft sich für etwas Sinnvolles einzusetzen, unendlicher Reichtum."
Verfasser unbekannt

„Wir sind Geistwesen im Hier und Jetzt. Unser spirituelles Selbst arbeitet auf seiner eigenen Bewusstseins- und Willensebene. Und wenn wir es zulassen, dann führt es uns zum Ziel, die/der zu werden auf dem irdischen Lebens- und Erfahrungsweg, die/der wir nach unserer Bestimmung sein sollten."
Ivy Northage (aus "Mediumship made simple", Psychic Press, London)

Es würde viel zu weit führen, die Wesenheit des Menschen in all ihren Gesichtspunkten umfassend darzustellen. Das haben solche Denker wie Annie Besant, Alice Bailey oder Rudolf Steiner in vielen ihren Büchern getan, auf die es an dieser Stelle zu verweisen gilt. Im Rahmen der Zirkelarbeit ist lediglich relevant, was das Wesen des Menschen als dritter Faktor nach den Faktoren Raum und Zeit, von denen zuvor die Rede war, in die Zirkelarbeit einbringt.

Eine Fähigkeit zeichnet uns Menschen vor allem aus: die Fähigkeit zu Bewusstsein. Wir können aus sinnlichen Wahrnehmungen Bewusstsein formen und wir können als Bewusstsein schöpferisch tätig werden. Das ermöglicht uns die Lenkung von Energie unter den Gesichtspunkten der Absicht und der Qualität. Damit verfügen wir über viel mehr Freiheiten in unserem Wollen als die anderen Reiche der Natur. Diese Besonderheit bringt dabei einen Aspekt ins Spiel, den man Verantwortung oder Ethik nennt und deren Formulierung vom jeweiligen Stand des Bewusstseins abhängt. Aus der Ethik heraus entwickelt sich die großartige Haltung des Heilens, der heilenden Absicht.

Das Energiepotential des Menschen
Jeder einzelne von uns bringt ein enormes Energiepotential in den Zirkel mit. Ich habe irgendwo einmal gelesen, dass der Mensch von seinem Energiepotential her im Prinzip mit einem Atomkraftwerk zu vergleichen sei, denn könnte man seine Energien auf einen Punkt konzentrieren, entspräche das der Sprengkraft mehrerer Atombomben. Betrachten wir die durch Bewusstsein geschulte Körperenergie eines Shaolin-Kämpfers oder eines indischen Yogis, so zeigt das ebenfalls, was gelenkte Energie möglich machen kann. Wenn wir uns also im Zirkel versammeln, sollten wir uns stets vor Augen halten, welche Energien da latent in uns schlummern

Die Wesenheit des Menschen

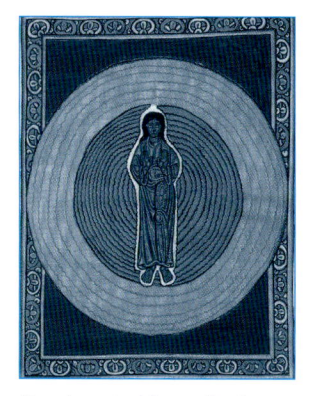

und aus dem Unbewussten gehoben und von uns geschult werden sollen, damit sie unserem Bewusstsein zur Verfügung stehen können.

Im Zirkel lernen wir das Wirken von Energien an uns selbst und an anderen kennen, sehen ihre Wirkung und finden ihre Ursache. Wir können im umliegenden Raum Energien zum Ausdruck bringen, selbst welche empfangen oder auch zurückweisen. Unsere Energien können ausstrahlen, können sich mitteilen oder übermitteln. Über solche Erfahrungen gewinnen wir eine erweiterte Wahrnehmung und damit einen erweiterten Horizont. Wir lernen erkennen, dass wir selbst und jedes Wesen eigentlich ein riesiges Sonnensystem an Energien und Potentialen darstellen und der hermetische Satz zutrifft, der besagt: „Wie Oben so Unten" oder „Wie im Kleinen so im Großen". In diesem Sinne ist der Mensch also wahrlich ein Spiegelbild des Göttlichen. Im Laufe der Zeit reift auf diesem Weg die Erkenntnis eines jeden Zirkelmitglieds, dass nicht nur solche Wesenheiten wie Raum oder Zeit eine Offenbarung und Wirkstätte des Göttlichen sind, sondern auch jeder Mensch. Wie definierte der Heiler Tom Johanson doch einmal den Unterschied zwischen dem Normalbürger und einem Heiligen: „Der Heilige weiß sicher, dass er ein geistiges, göttliches Selbst besitzt, dass etwas Göttliches in ihm wirkt, der Durchschnittsmensch ahnt es bestenfalls."

Der Ausstrahlungskreis des Menschen nach Hildegard v. Bingen.

Der Mensch als Spiegelbild des Göttlichen in dem berühmten Fresko von Michelangelo in der Sixtinischen Kapelle.

Die Wesenheit des Menschen

Die Dreiheit im Menschen

Wir haben zuvor über die drei Aspekte von Zeit und Raum gesprochen. Auch im Menschen wohnt eine Dreiheit. Jeder Mensch besteht aus seiner Körperwelt, die substanziell und objektiv ist. Mit diesem Körper sind wir an das Reich der Natur gebunden. Jeder Mensch besitzt aber auch ein Ich, eine Persönlichkeit, also eine subjektive Welt, die eng an seine Gefühle gebunden ist. Sie ist oftmals überhaupt nicht kongruent zur objektiven, was sie auch nicht sein muss. Gerade aus der Spannung zwischen beiden resultiert der Drang nach Veränderung und Entwicklung. Und dann gibt es noch etwas Drittes im Menschen. Zunächst ist dies nur die Ahnung, dass wir mehr sind als ausschließlich körpergebundene Wesen. Es ist die Ahnung, dass es etwas Unendliches in uns gibt. Dieses unfassbare, unsichtbare Etwas haben wir mit dem Wort „Geist" belegt. Das Geistige erschließt uns die kosmische Dimension. Unser Denkvermögen ist mit dieser Ebene verknüpft.

Thron der allerheiligste Dreifaltigkeit, darüber das Zeichen der Einheit: das Dreieck mit dem hebräischen Gottesnamen „Jahwe". (Teil eines Gemäldes vom Hochaltar der Aulzhausener Pfarrkirche)

Im Zirkel haben wir es also auch mit drei Welten oder Ebenen von uns selbst zu tun. Wenn wir mit der Zirkelarbeit beginnen, dann treffen dort zunächst die körperenergetischen Kräfte der einzelnen Zirkelmitglieder aufeinander. Das Äußerliche, also die objektiven Werte, spielen vorerst noch eine große Rolle. Im guten Fortgang der Zirkelarbeit entfalten sich aber immer mehr unsere inneren, subjektiven Qualitäten. Alles, was nicht zu uns gehört, alte Prägungen und Konditionierungen, von außen aufgepfropft und bis dahin vielfach unser Sein bestimmend, fallen nach und nach ab, so dass unsere Maske, die „persona", verschwindet und unser wirkliches Ich zum Vorschein kommt, was wir „Seele" nennen. Die subjektive Empfindungswelt erhält verstärkt Gewicht und unser Dasein bekommt völlig neue Qualitäten. Wenn wir auf diesem Weg weiter wachsen und unsere Seelenqualitäten entwickelt haben, kommen wir zu einem Erkennen dessen, was unser Leben bedeutet, was Leben überhaupt ist. Die Welt des Geistes, die Ebene des Es-

Wenn die Maske abfällt, kommt die Persona zum Vorschein.
(Gemälde von Willibald Christopher Storn)

senziellen, öffnet sich für uns. Sind objektive und subjektive Welt Forschungsgegenstand der Sensitivität, so ist die geistige Welt jene, auf der die Medialität zu Hause ist.

Merkmale der Dreiheit im Menschen

Die Tabelle veranschaulicht unsere drei Aspekte als Menschen mit ihren jeweiligen Entsprechungen:

Körper/Form	Seele (Ich)	Geist
Erscheinung, „persona" Gegenwart	Qualität	Leben
objektiv, Seele	subjektiv	essenziell
Kraft	Liebe	Wille
Natur	Menschenreich	Kosmos
Instinkt	Intellekt	Intuition
Schatten, Mangel	Licht-Schatten	Licht, Fülle
Der einzelne	Beziehung, Kontext	Einheit, Mission
Unterleib	Oberleib	Kopf
Solarplexus	Herzzentrum	Kopfzentren
1. Stadium des Zirkels	2. Stadium des Zirkels	3. Stadium des Zirkels
Sensibilität	Sensitivität	Medialität

Die obige Tabelle gibt auch Auskunft darüber, in welchem Stadium unserer Zirkelarbeit wir welchen Kräften begegnen können. Zu Beginn der Zirkelarbeit spielt unsere Körperenergie eine wichtige Rolle und es werden vor allem jene Zentren oder Chakren aktiv sein, die unterhalb des Solarplexus liegen und von diesem kontrolliert werden. Wir tauchen ein in die Welt des Natürlichen, denn wir lernen uns gegenseitig akzeptieren in unserem natürlichen So-Sein, unserer äußeren Gestalt und der Art, wie sich Kräfte durch uns äußern. Der eine hat vielleicht eine natürliche Neigung stets zu lächeln, wenn er arbeitet, der andere schläft ein, ein dritter wiederum hat vielleicht die Angewohnheit sich überaus häufig zu räuspern. Wir wissen, dass unser natürliches, unbewusstes Wesen eine große Herausforderung sein kann für andere. Ein extremes Beispiel soll das verdeutlichen: Wie schafft man es, neben jemandem zu sitzen, der zum Beispiel starken Körpergeruch hat? Kann man ihm das sagen? Es ist auf jeden Fall eine schwierige Situation, denn der Geruchssinn ist mit unseren tiefsten Emotionen verbunden. Solche Probleme können zu Beginn ganz existenziell sein und als äußere Faktoren die Zirkelarbeit stark beeinflussen. Wer kann mit wem oder warum eben auch nicht?

Die Überwindung der instinktiven Ebene

Die Wissenschaft weiß heute, dass Beziehung im Wesentlichen auf der instinktiven, kaum kontrollierbaren Körperebene zustande kommt, und dies hauptsächlich über unseren Geruchssinn. Wir haben also wirklich einen „Riecher" für Wohlgefühl ebenso wie für Gefahr. Der Instinkt gehört zur Strategie der Natur, ist daher auf das Körperhafte fixiert, denn er orientiert sich am Überleben und am Wohlbefinden. Daher wird der Instinkt stets sofort den Mangel registrieren, um ihn als Gefahr zu erkennen und zu vermeiden. Oder aber der Instinkt signalisiert seine Zustimmung. Wir leben also in einer Entweder-Oder Haltung, etwas dazwischen gibt es nicht.

III. Teil

Praxis des Zirkels

> Die verschiedenen Zirkelarten

1. Die verschiedenen Zirkel-Arten

Das Grundlagenwissen über die Zirkelarbeit und die nachfolgenden Anweisungen für die Praxis fußen auf unserer mittlerweile mehr als 15-jährigen persönlichen Zirkelerfahrung. Wir hatten die Zirkelarbeit in England kennen gelernt und diese Tradition zunächst auch in den eigenen Zirkel zu Hause übertragen. Im Laufe der Zeit kreierten wir jedoch eine neue Arbeitsform, die sich in der Praxis als besonders effektiv erwiesen hat und die den Erfordernissen unserer Zeit und auch unserer deutschen Mentalität besser angepasst ist. Eingeflossen in dieses Konzept sind im Laufe der Jahre natürlich nicht nur die vielen eigenen Erfahrungen, Erkenntnisse und Inspirationen, hinzugekommen sind auch Anregungen von Mitgliedern unseres Zirkels oder von Kursteilnehmern. Im Praxisteil dieses Buches haben wir nun umfassend die Essenz einer modernen, zeitgemäßen Zirkelarbeit niedergelegt. Rosina Sonnenschmidt hat in ihrem Werk „Das große Praxisbuch der englischen Psychometrie" bereits Grundlegendes über die Zirkelarbeit samt einiger Übungen veröffentlicht, weshalb diese Fakten an dieser Stelle nicht nochmals wiederholt werden sollen. Es sei daher auf das entsprechende Buch verwiesen.

Zirkelarbeit hat etwas mit Freiheit und Freiwilligkeit zu tun und sollte daher keinerlei Zwängen unterliegen. Jeder sollte frei entscheiden, welche Art von spiritueller Arbeit er tun möchte. Nicht für jeden ist eine ganz strenge Schulung, wie sie vor allem in spirituellen Schulungen östlicher Herkunft praktiziert wird, das Richtige. Daher hat man in England eine gewisse Breite in der Zirkelarbeit angelegt, so dass jeder die Art von Gruppenarbeit wählen kann, die ihm als geeignet erscheint. Meditations- und Bewusstwerdungszirkel (engl. awareness circle) bieten die Möglichkeit der lockeren Selbstentdeckung, während der mediale Zirkel schon wesentlich strenger und strikter in seiner Form ist.

Die folgende Darstellung zeigt die Abstufungen der Zirkelarbeit:

Offener Zirkel
1. Meditationskreis
2. Gebetskreis
3. Übungskreis

Geschlossener Zirkel
1. Awareness-Zirkel
2. Developement-Zirkel
3. Medialer Zirkel
4. Heilungszirkel

Die verschiedenen Zirkelarten

1.1 Offener Zirkel

Schon seine Bezeichnung lässt erkennen, dass diese Art Zirkel einen größeren Freiraum offen lässt. An diesem Kreis kann teilnehmen, wer möchte. Teilnehmerzahl und Zeitpunkt können fluktuieren. Ebenfalls kann der Raum wechseln. Die Arbeitsform des „Offenen Zirkels" pflegt man meist ganz zu Beginn der Zirkelarbeit um möglichst viele Menschen in den sensitiven Übungen kennen zu lernen, bis sich dann im Laufe der Zeit jene herausschälen, mit denen man einen festen, geschlossenen Zirkel gründen möchte. Hat man ein gewisses energetisches und spirituelles Niveau über längere Zeit in einem geschlossenen Zirkel erreicht, dann kann man ebenfalls immer wieder einmal einen offenen Zirkel abhalten um mit „neuen" Menschen zu üben und den Grad seiner Wahrnehmungsfähigkeiten zu überprüfen oder aber um Interessenten einen Einblick in diese Art Arbeit zu geben. Der Fokus des Zirkels bleibt aber hierbei stets unverändert auf die weitere Entwicklung seiner Mitglieder gerichtet. Die Öffnung des Zirkels ist lediglich Mittel zum Zweck.

1.1.1 Der Meditations-Kreis

Nicht jeder möchte gleich in die sensitive Arbeit einsteigen, vor allem wenn die übrigen Zirkelmitglieder noch vorsichtig und zurückhaltend sind. Für diesen Fall bietet sich an, erst einmal einen Meditationskreis zu gründen, damit die Menschen lernen sich zu entspannen und in die Welt des inneren Erlebens einzutreten. Mit wachsendem Vertrauen kann man dann mit der sensitiven Arbeit beginnen. Meditation, was in der englischen Tradition so viel wie „Imaginationsreisen" meint, schult die Fähigkeit des Entspannens bei gleichzeitig doch starker innerer Konzentration. Eine hohe Kunst, die für jede Zirkelarbeit ein Gewinn ist. Diese Art Zirkel ist eine Form des Offenen Zirkels.

1.1.2 Der Gebets-Kreis

Dieser Kreis widmet sich nicht der Schulung von Sensitivität oder Medialität, weshalb er ebenfalls eine Variante des Offenen Zirkels ist, auch dann, wenn sich diese Menschen regelmäßig treffen. Meist finden sich Menschen zusammen, die für den Weltfrieden beten oder Heilenergie in Krisenherde der Welt senden.

1.1.3 Der Übungs-Kreis

Wie oben erwähnt, kann man einen Zirkel abhalten um zu üben. Man lernt dadurch eventuell neue, begabte Menschen für den Zirkel kennen. Zudem können Zirkelmitglieder mit fremden Gästen üben und sehen, welche Fortschritte sie in ihrer Wahrnehmungsfähigkeit gemacht haben.

> Die verschiedenen Zirkelarten

1.2 Geschlossener Zirkel

Ein Zirkel wird als geschlossen bezeichnet, wenn sich eine feste Anzahl Menschen zusammengefunden hat um gemeinsam den Weg einer spirituellen Entwicklung zu gehen. Von diesem Zeitpunkt an treten die Gesetze der Zirkelarbeit, wie sie nachfolgend aufgeführt sind, in Kraft:

Gesetze des geschlossenen Zirkels

Der geschlossene Zirkel besteht immer aus den gleichen Mitgliedern. Es treffen sich also stets die gleichen Menschen zur gleichen Zeit im gleichen Raum zur Zirkelarbeit. Gäste werden nur ausnahmsweise zugelassen, zum Beispiel, wenn man einen reinen Heilerzirkel abhält. Für Gäste ist der Offene Zirkel gedacht. Nach Möglichkeit sollten immer alle Mitglieder vollzählig anwesend sein. Unser modernes, bewegliches Berufsleben wird das vielleicht nicht immer ermöglichen, aber die Prioritäten müssen klar sein. Eine Absage der Teilnahme an einer Sitzung darf wirklich nur zwingende Gründe haben. Fehlt eine Person zu häufig, macht das keinen Sinn, weil dadurch kein stabiles Energiefeld in der Gruppe entsteht. Da ist es besser, diese Person aus dem festen Zirkel zu entlassen und ihr vielleicht die Möglichkeit zur Teilnahme an offenen Zirkeln anzubieten. Ebenso gilt es eine ständige Fluktuation und Erneuerung von Mitgliedern zu vermeiden, denn dies ist dem Aufbau eines stabilen Energiefeldes nicht förderlich. Stabilität ist eine wichtige Voraussetzung für eine erfolgreiche Energiearbeit.

> *„Geschieht ein vollständiges Austreten schon nach der ersten oder zweiten Sitzung, so mag man noch ein neues Ersatzglied einschalten; keineswegs aber, wenn schon mehrere Sitzungen stattgefunden haben, weil die fluidische Harmonie dadurch einen argen Stoß erleiden würde...."*

Hans Arnold (Wie errichtet und leitet man Spiritistische Zirkel,
E. Fiedler Verlag, Leipzig, 1892)

Stabilität und Konstanz im Zirkel

Unter Umständen ist es für die Zirkelarbeit besser, selbst eine ganz Zeit lang mit verminderter, aber fester Anzahl weiter fortzufahren, als stets nach Ersatz Ausschau zu halten. Wunderbar ist es natürlich, wenn ein Zirkel von Anfang an stabil ist und dies auch bleibt. Aber es ist nicht ausgeschlossen, dass jemand einen Zirkel nach langer Zeit verlässt oder ein Zirkel sich sogar wieder auflöst. Der Zirkel ist eine Art Weggemeinschaft auf Zeit. Es kann immer der Punkt kommen, an dem deutlich wird, dass eine weitere Entwicklung in dieser Konstellation nicht möglich ist, dass es neue Kräfte braucht.

„Oft genug kommt es vor, dass ein Zirkel, der nach vielen Sitzungen keinerlei Erfolg gehabt, durch Ausschalten einiger Glieder und anderweitigen Ersatz nun sehr bald Phänomene erhält...
Darum lasse man sich vom Verdruss über die fehlgeschlagene Zirkelzusammensetzung nicht verleiten, die Zirkelbildung gleich ganz und gar aufzugeben."
Hans Arnold (Wie errichtet und leitet man Spiritistische Zirkel,
E. Fiedler Verlag, Leipzig, 1892)

1.2.1 Der Bewusstwerdungs- oder Sensitivitäts-Zirkel

In England wird der Bewusstwerdungs- oder Sensitivitäts-Zirkel als „awareness circle" bezeichnet, wobei der Begriff „Ehrfurcht" dabei mitschwingt. Ehrfurcht vor den Kräften, mit denen wir umgehen, aber auch Ehrfurcht vor unseren unendlichen Potenzialen. In dieser Art Zirkel findet die Sensitivitätsschulung statt. Die Schulung und Übung geht ganz in die Breite, alle Sinne werden geschult. Hier dehnen wir sozusagen unsere Aura, so dass wir immer mehr in die Ätherebene eintauchen können. Wir entdecken auf diese Weise unsere vielfältigen Potenziale, Energien und Kreativität. Wir lernen unsere ganze Fülle kennen.

Mit der Zeit entwickeln sich auf diesem Weg die Hellsinne. Am Ende dieser Art Zirkelarbeit, die über längere Zeit gehen kann, sollten wir etwas besser herausgefunden haben, wer wir sind, welche konkreten Fähigkeiten vorliegen und was unser Ziel ist. Die Eine wird vielleicht erkennen, dass Heilung ihr Weg ist, der andere wird vielleicht seine Begabung für Philosophie oder Lyrik entdecken. In diesem Zirkel geht es nur um Schulung der Sensitivität, also der eigenen Fähigkeiten. Diese Form des Zirkels ist es, die wir vor allem in unserer Schulung lehren. Allein in dieser Form des Zirkels kann der Sensitive über lange Zeit eine wunderbare Arbeit tun. Energetisches oder Magnetisches Heilen, Inspiration, Aura-Sitzungen und vieles mehr können sich aus dieser Arbeit entwickeln, ja zu einem Berufsweg werden. Man kann ein Leben lang auf dieser Ebene arbeiten und in der Lebensberatung anderen Menschen große Hilfe zuteil werden lassen. In England werden so arbeitende Menschen „psychics", also „Sensitive" genannt. Sie arbeiten auf der persönlichen, beratenden Ebene und

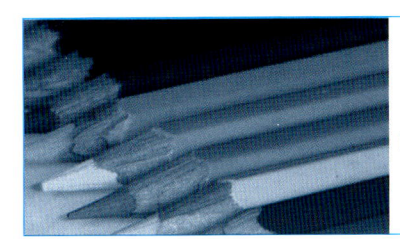

Die Zirkelarbeit fördert auch die Entfaltung kreativer Begabungen wie zum Beispiel in der Malerei, der Lyrik oder der Philosophie.

haben nicht die Absicht, einen Kontakt zur jenseitigen Welt herzustellen, was die Aufgabe eines Mediums ist. In England wird die Arbeit des „psychic" weder höher noch geringer geachtet und bewertet als die des „Mediums". Jeder leistet hervorragende Arbeit auf seiner Ebene. Ray Williamson, bei dem ich wunderbare Sitzungen erleben durfte, gilt in England als sogenannter „psychic", als Sensitiver, und nicht als Medium. Oftmals arbeiten Sensitive und Medien auf der Bühne zusammen, treten zusammen auf, wie Ray Williamson z.B. mit den beiden Medien Mary Duffy oder Margaret Pearson. Wir sehen also, dass der Bewusstwerdungszirkel wunderbare Möglichkeiten bietet, die ein ganzes Leben ausfüllen können.

Es braucht Zeit, bis sich sensitive Fähigkeiten in voller Kraft entwickeln und eine geerdete Selbsterkenntnis erreicht worden ist. Erst dann macht es überhaupt Sinn sich mit der Frage der Medialität zu beschäftigen, falls es ein inneres Anliegen ist. Erst jetzt hat der/die Anwärter/in auch den Überblick klar zu entscheiden, ob er/sie diesen strengeren Weg überhaupt wählen möchte, auf dem Interessen verfolgt werden, die weit über dem Eigenpersönlichen liegen und ob eine Begabung dafür überhaupt vorliegt. Wahre Medialität entwickelt sich nicht ohne die wirkliche Fähigkeit zu dienen, also das eigene Ich ganz zurückstellen zu können. Medialität wird in jener Zirkelform entwickelt, die als „Entwicklungszirkel" bezeichnet wird.

1.2.2 Der Entwicklungs-Zirkel

„Development circle" heißt diese Art Zirkel in England, der die im Awareness-Zirkel gefundene Begabung weiter vertieft und gleichzeitig den Zwischenschritt zwischen Sensitivität und Medialität ermöglichen soll. Hat jemand den Bewusstwerdungs-Zirkel abgeschlossen und seinen Weg, seine Begabung entdeckt, so geht die Schulung jetzt äußerlich wie innerlich noch viel stärker in die Tiefe. Der Heiler wird sich einem Heilerzirkel anschließen oder selbst einen solchen gründen. In diesem Zirkel dreht sich alles um Heilung. Es werden nur Übungen gemacht, die diese Fähigkeit weiter entwickeln. Hat jemand seine Hellsichtigkeit entdeckt, dann wird er sich einem Zirkel anschließen, der sich z.B. nur der Arbeit mit Farben und Aura widmet. Das Ziel der Schulung in einem solchen Entwicklungs-Zirkel ist also nicht mehr die Sensitivität in die Breite zu erweitern, sondern eine Spezialisierung zu forcieren. Das erfordert, dass man zuvor natürlich seine Gabe und seine Berufung entdeckt hat. In England wird ganz grob zwischen drei Ausrichtungen in der fortgeschrittenen Zirkelarbeit unterschieden:

1. **Heiler-Zirkel**
2. **Mentaler Zirkel**
3. **Physischer Zirkel**

Wie vorher schon erwähnt, hat ein Heiler-Zirkel die alleinige Absicht, die Heilkraft zu fördern sowie mit Patienten zu arbeiten.

Die verschiedenen Zirkelarten

Unter „Mental-Zirkel" wird alles zusammen gefasst, was mit den Sinnen zu tun hat, also Hellsehen, Hellhören etc.. Im „Awareness-Zirkel" schulen wir ja die Fähigkeit die Fülle und Bandbreite eines anderen Wesens wahrzunehmen. Das bleibt auf der persönlichen, irdischen Ebene. Im „Developement-Zirkel" versuchen wir in die Tiefe der Wahrnehmung zu gehen, nämlich herauszufinden, welch höhere Botschaft dem sensitiv Wahrgenommenen zugrunde liegen könnte. Es geht also darum, mehr von der Seelenebene des anderen Wesens zu erfassen und weniger seine Persönlichkeit. Dies ist der wichtige Zwischenschritt zur Medialität. Wenn wir mit unserem Bewusstsein näher an die Seelenebene herankommen, erhöht sich unsere Eigenschwingung, was wiederum den Verstorbenen den Kontakt erleichtern kann, falls ein solcher beabsichtigt ist.

Den physischen Zirkel, der den Trance-Zustand voraussetzt, wollen wir nicht weiter berücksichtigen. Zum einen kann Trance wirklich gefährlich sein, zum anderen gilt den physischen Kräften in England bei den seriösen Medien kaum noch Aufmerksamkeit, da es so gut wie keine glaubwürdigen, seriösen Begabungen auf diesem Gebiet mehr gibt und die Hervorbringung physischer Phänomene zudem eine ganz besondere Art der Schulung benötigt, die mit uns modernen, mental ausgerichteten Menschen im Prinzip nicht mehr zu machen ist.

Der Schwerpunkt liegt daher heute ganz auf den beiden ersten Varianten der oben genannten Zirkelarten. Vor allem der mentale Zirkel bietet zahlreiche Möglichkeiten, so dass im Nachfolgenden die unterschiedlichen Sparten einzeln aufgeführt werden:

Heilen	Ziel ist die Entwicklung des geistigen Heilens und damit die Arbeit mit kranken Menschen. Fernheilung ist ein wichtiges Mittel dieses Zirkels. Psychometrie-Übungen, die über das Fühlen arbeiten, werden zu Beginn einen Schwerpunkt des Zirkels bilden um vor allem die Energie der Hände zu schulen.
Hellhören	Die Aufmerksamkeit gilt hier der Entwicklung der inneren Stimme über: 1. Arbeit mit Klängen, Tönen. Ziel ist die Arbeit mit Musik. 2. Arbeit mit der inneren Stimme. Ziel ist dabei die mentale Medialität, bei der es darum geht, das „durchzugeben", was einem „eingegeben" wird. 3. Arbeit mit der Inspiration. Ziel ist hier das geschriebene Wort, das inspirierte Sprechen, Philosophie, Poesie.
Hellsehen	Die Arbeit mit Farben und Formen steht im Vordergrund. Ziel ist meist die Aura-Arbeit oder auch das inspirierte Malen.

Psychometrie	Die psychometrische Arbeit ist meist eng mit dem Heilen verbunden. Es gibt aber, wenn auch nicht besonders häufig, die Begabung, Menschen aufzuspüren, die verschwunden sind. Zur Psychometrie gehören auch Gaben wie Erfindungskunst oder Bildhauerei. Meines Wissens wurde das aber bisher nicht in der Zirkelarbeit in England eingebaut.
Hellriechen	Das ist eine neuere Richtung, bei der oftmals Heilkraft und Inspiration (Poesie) mit hineinwirken.

1.2.3 Der Mediale Zirkel

Die Schulung der Sensitivität im Zirkel erfolgt über viele Jahre. In dieser Zeit entwickelt man vor allem auch spirituelle Qualitäten wie Geduld, Hingabe, Dienen und innere Stille, die von großer Wichtigkeit sind, um später positiv und balanciert mediale Fähigkeiten auch leben zu können. Ein gesundes Wachstum braucht Zeit, nur so entsteht wirkliche Reife. Wir sollten stets im Auge behalten, welche Fähigkeiten, Fertigkeiten und positiven Kräfte wir in unserem Leben schon entwickelt haben. Das kann uns helfen zu erkennen, wie beeindruckend unsere Entwicklung schon ist und welchen langen seelischen Weg wir schon hinter uns gebracht haben. So gewinnen wir die absolute Sicherheit und das Vertrauen, dass unsere Person und unsere Vorstellungen wichtig sind für die gesamte Sinfonie des Lebens. Nichts geht je verloren in diesem Universum, und keine unserer Anstrengungen ist je umsonst, auch wenn unser Ego manchmal diesen Eindruck hat.

Es gibt keine „Instant-Spiritualität" und keine „Instant-Medialität". Jeder Schritt, den wir gehen, jeder spirituelle Baustein, den wir unserem inneren Selbst hinzufügen, hilft jene wunderbare Brücke zu erbauen, die später den Kontakt zur geistigen Welt ermöglicht. Haben wir unsere Potenziale entfaltet und ist die Brücke auf ihrem Weg der Vollendung, dann wandelt sich Sensitivität in Medialität. Jetzt spielen nicht mehr persönliche Eigeninteressen eine Rolle, wir werden vielmehr zum „Werkzeug" oder Boten der geistigen Welt. Das gilt dann auch für den Zirkel. Ein solcher Medial-Zirkel ist das Ziel aller Zirkelarbeit. In einem solchen Zirkel wird nicht mehr geübt. Man sitzt stattdessen in Stille und erwartet die Botschaften, Inspirationen und die Heilkraft, die aus der geistigen Welt kommen.

1.2.4 Der Heilungszirkel

Der Heilungszirkel ist in gewisser Weise ein Sonderfall innerhalb der Zirkelarten, da er unterschiedliche Bereiche berührt. Es gibt meist schon zu Beginn der Zirkelarbeit Voraussetzungen, welche die Energie in diese Richtung drängen. Ganz zwangsläufig wird sich dies ergeben, wenn hauptsächlich Therapeuten in einem Zirkel sitzen. Es kann aber auch von Anbeginn an der Wunsch bei allen bestehen,

| Die verschiedenen Zirkelarten |

sich ausschließlich auf die Heilung zu konzentrieren. Wie im ersten Band des Lehrwerkes „Schule der Hellsinne" ausgeführt, kann Heilung auf unterschiedliche Arten praktiziert werden.

Ein Gebetskreis kann schon ein Heilungskreis sein, aber auch ein Bewusstwerdungszirkel, der sich vor allem den heilerischen Übungen widmet. Dabei können Übungen zu zweit, zu dritt oder auch in der Gruppe ausgeführt werden. In England wird während der Schulungszeit vor allem die Heilung zu dritt praktiziert. Dabei arbeiten zwei Heiler zusammen mit einem Patienten. Diese Form der Heilung bevorzugen auch wir bei uns im Zirkel. Entweder der ganze Zirkel arbeitet in Dreiergruppen, oder eine Dreiergruppe arbeitet und die anderen Zirkelmitglieder geben ihre Energie dazu. Eine Dreiergruppe ist schon eine Art kleiner Zirkel im größeren Zirkel und ich möchte an dieser Stelle ausführen, weshalb die Zahl Drei dabei eine so bedeutende Rolle spielt.

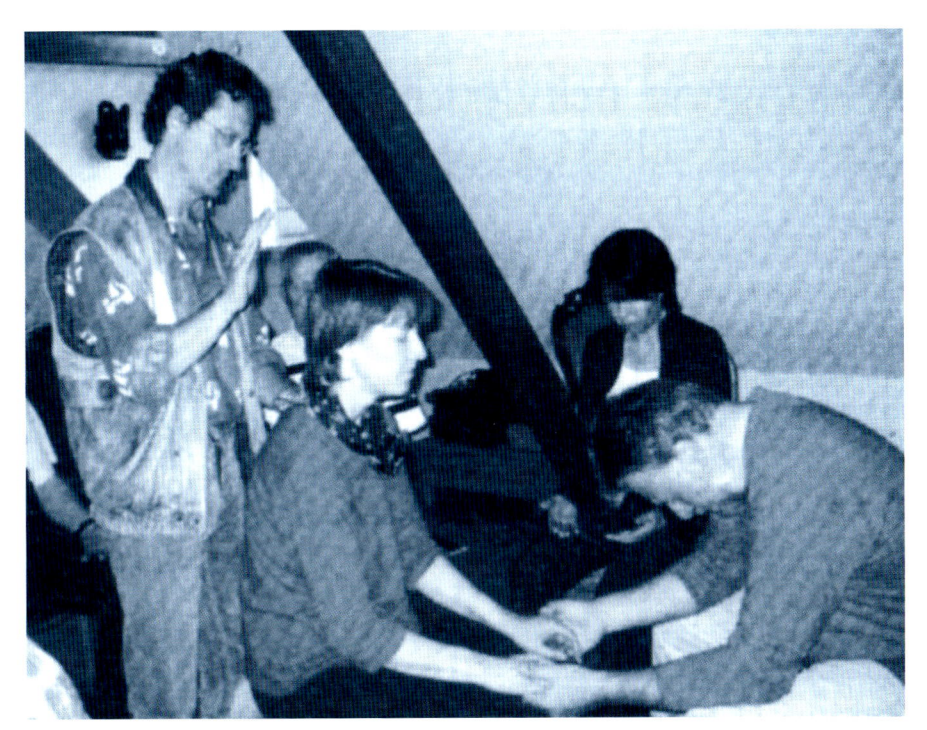

Zwei Heiler mit Patient.

Prinzip der Trinität (= Dreiheit) in der Heilung

Die Begründung der Spiritualisten in England für die Dreier-Konstellation in der Heilungsarbeit hat vor allem mit rechtlichen Belangen zu tun. Es gab wohl Fälle in England, dass ein Patient oder vielmehr eine Patientin, von Übergriffen berichtet hatte. Bekanntlich ist es schwierig, die Wahrheit herauszufinden, wenn Aussage

Die verschiedenen Zirkelarten

gegen Aussage steht. Um diesem Dilemma auszuweichen, zog man bei Heilbehandlungen daraufhin immer einen zweiten Heiler, der sozusagen auch als Zeuge fungierte, hinzu. Rein oberflächlich betrachtet liegt dieser Arbeitsweise also eine rein rationale Absicht zugrunde. Im Laufe meiner Lehrjahre habe ich mich dann aber doch gefragt, ob es hinter dem vordergründigen rationalen Argument nicht doch auch eine verborgene Absicht gibt, vielleicht eine Absicht der geistigen Welt und ihrer Helfer. Bei Alice Bailey, der Begründerin der Arkan-Schule, bin ich dann auf die interessante Tatsache gestoßen, dass auch sie empfiehlt, beim Heilen in „Dreiecken" zu arbeiten.

„Es wird gesagt, dass „Gott geometrisiert" und so muss die äußere Form des Daseins in irgendeiner Weise diese tiefgreifende Wahrheit reflektieren. In Imitation zu Gott hat die Menschheit all die Jahrhunderte hindurch versucht, in dem, was sie erbaut hat, geometrische Formen zu kreieren..."

„Schönheit der Bauwerke ist eine ästhetische Antwort auf eine tiefere, zugrunde liegende Geometrie – eine Geometrie, die spirituelle Wahrheiten in einer Sprache ausdrückt, die jenseits von Worten liegt..."

„Wenn wir bemerken, dass die Aufgabe der Menschheit darin liegt, das ätherische planetarische Netzwerk von den Quadraten mit ihren vier gleichen Winkeln von 90° in Dreiecke zu erlösen, die in ihrer gleichseitigen Form drei gleiche Winkel von 60° haben, dann können wir sehen, dass die Menschheit lernen muss, wie sie zu geometrisieren hat..."
aus „Dreiecke" Bulletin Nr.152 Arkan-Schule, Genf

Die göttliche Trinität und die sieben Planetenkräfte mit ihren Korrespondenzen. Kupferstich von Wolfgang Kilian aus "Microcosmus hypochondriacus sive de melancolia hypochondriaca" von Malachius Geiger, 1651.

Die verschiedenen Zirkelarten

Interessant ist auch, dass bei Kristallanalysen von Wasser herausgefunden wurde, dass das Vorhandensein von 60°-Winkelstrukturen auf eine gehobene Energiequalität des Wassers hinweist. Betrachten wir das Dreieck in seiner geometrischen Form, so stand es stets für die Balance zwischen Dynamik und Statik. Im Dreieck verbindet sich die Eins (Gottvater) mit der Zwei (Gottesmutter) und aus dieser Vereinigung entsteht das Dritte, der Gottessohn. Daher galt das Dreieck seit jeher auch als Symbol der Vermittlung und der Bewegung. Mit der nach oben weisenden Spitze repräsentiert es das Männliche, das Element Feuer, mit der nach unten weisender Spitze das weibliche Prinzip, also das Element Wasser. Die Grundlinie des Dreiecks bildet die irdische Basis, von der aus sich unser Bewusstsein zur Spitze des Himmels erheben oder sich in die Tiefe hin zum Erdmittelpunkt senken kann.

> *„Im Zeichen des Dreiecks existieren heißt also: sich auf etwas hin entwerfen, das über das hinausweist, was ich zur Zeit darstelle. Im Dreieck sein heißt insofern auch: sich selbst immer ein Stück weit voraus sein, schon auf die Spitze bezogen sein, während man doch auf der Grundlinie basiert.*
> *Das Dreieck ist ein Zeichen der Zeitlichkeit, es verbindet Gegenwart, Vergangenheit und Zukunft in einer bestimmten Perspektive. Immer enthält es Mitte, Ende und Neubeginn."*
> Ingrid Riedel (Formen, Kreuz Verlag Stuttgart)

Alice Bailey beschreibt in ihrem Buch „Esoterisches Heilen" den Prozess esoterischen oder spirituellen Heilens ebenfalls als Dreieck, da jede gesunde, förderliche Art der Energieentfaltung über Dreiecksformen gehe. Im Körper gibt es ihrer Erkenntnis nach auch Dreiecksbeziehungen zwischen Organen und Chakren. Auch beim Wirken eines Heilers ergeben sich laut Bailey solche Energiedreiecke. Bei Adepten oder sehr weit entwickelten Heilern entsteht nach Bailey folgendes Kontaktdreieck, das zum heilenden Energiefeld wird.

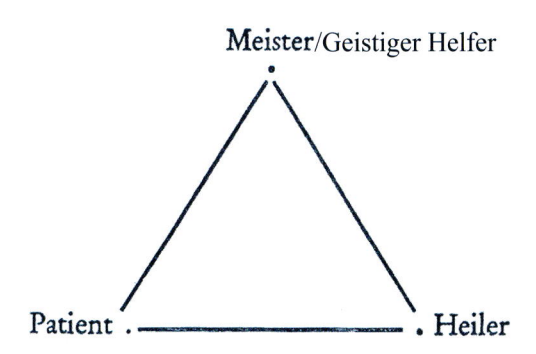

Das heilende Energiefeld eines erleuchteten Heilers.

> *„Diese Methode erfordert ein großes Wissen und eine hohe Entwicklungsstufe des Heilers; sie setzt außerdem voraus, dass der Heiler mit einem Meister und dessen Gruppe in Verbindung steht und sich das Recht verdient hat, um Energie zum Wohle des Patienten zu bitten, – was bis jetzt nur selten gewährt wird."*
> Alice Bailey (aus „Esoterisches Heilen", Lucis Verlag, Genf)

Geistiges Heilen: Heilen in spiritueller Vollendung

Bailey beschreibt hiermit eigentlich nichts anderes als den Prozess des geistigen Heilens, bei dem der Heiler in bewusstem Kontakt mit seinem Geisthelfer steht. Der Heiler, der nicht mit einem geistigen Helfer arbeitet, sondern über sein erwachtes Seelenbewusstsein arbeitet, wird folgende Kontakte zu einem Dreieck verbinden:

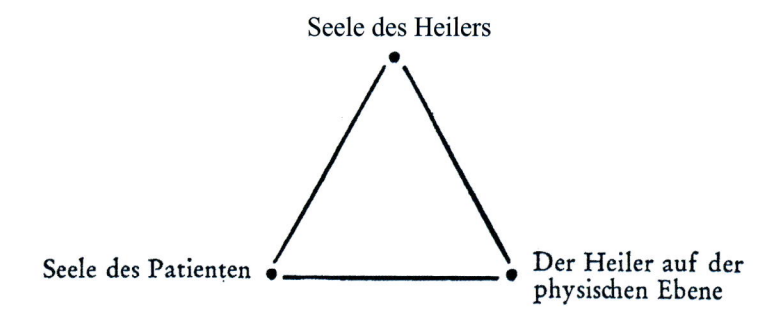

```
              Seele des Heilers
                    •
                   / \
                  /   \
                 /     \
                /       \
               /         \
              /           \
             •─────────────•
  Seele des Patienten    Der Heiler auf der
                         physischen Ebene
```

Das Energiefeld bei einem Heiler mit erwachtem Seelenbewusstsein.

Dabei stellt der Heiler zunächst den Kontakt zu seiner eigenen Seele her, was nur möglich ist, wenn er sich zuvor einer Meditations-, das heißt Bewusstseinsschulung unterzogen hat. Seine Seele kontaktiert dann die Seele des Patienten und regt sie an, verstärkt Energie über die Kopfzentren in den Körper strömen zu lassen, die der Heiler dann lenkt, was wiederum nur möglich ist, wenn er seine Hellsinne entwickelt hat. Bailey betont die große Verantwortung des Heilers hierbei, denn ein Zuviel an Energie kann den Lebenswillen des Patienten überstark anregen, was zu einem Zuviel an Energie und eventuellen Komplikationen, vor allem im Herzbereich, führen kann.

In den Ausführungen Baileys wird deutlich, wie weit der Fortschritt des Bewusstseins sein muss, damit ein echter Kontakt zur Welt der Seele oder gar zu jener der Meister möglich wird. Auf diesem Gebiet tummeln sich viele Illusionen, da der Anspruch sehr hoch ist und nur ganz wenige diesen wirklich zu erfüllen vermögen. Diese Bewusstseins-Ebenen zu erreichen kann und muss letztendlich unser aller Ziel als Heiler sein. Wir können darauf hinarbeiten. Wann wir jedoch dieses Ziel erreichen, wissen wir nicht.

Möglichkeiten heilerischer Arbeit

Was kann man also tun, um dennoch ganz real heilerisch tätig zu sein? In dieser Hinsicht waren die Engländer überaus pragmatisch, wie auch Alice Bailey selbst. Jeder Mensch mit gutem Willen, mit guter Absicht und aufrichtiger Motivation kann heilend wirken, so lautete die Erkenntnis. Man erinnerte sich innerhalb der spiritualistischen Kirche an die Aussage Jesu: „Wo zwei oder drei in meinem Namen versammelt sind, bin ich mitten unter ihnen!" Jesus sprach nicht von fünf oder sechs Personen, sondern von zwei oder drei. Man nehme also zwei Heiler und einen nach Heilung strebenden Patienten, und schon ergibt sich ein heilendes, göttliches Feld, wie es Jesus formuliert hatte. Ich denke, dass dies der Grund gewesen sein könnte, der zum Heilen in der Dreierkonstellation innerhalb des Spiritualismus führte.

Diese Art des Heilens erfordert zum einen nicht sofort jene hohe Bewusstseinsreife, welche die Voraussetzung für den Zugang zur geistigen Welt oder zu den „älteren Brüdern" ist. Zum anderen erzeugt diese Art des Heilens nicht jenes Gefühl von alleiniger Verantwortung oder Zwang zum Erfolg. Bekanntlich unterbindet jedes negative, blockierende Gefühl den Heilstrom. Und zum Dritten ist ein stetes Anliegen, gerade auch unserer Schulung, dass wir wegkommen von „Ego-Trips" hin zu einem gesunden Miteinander. Die Grundlage aller Heilkunst ist das Miteinander, die innere Begegnung, das Zusammenwirken, die Betonung des Gemeinsamen. „Magie" in ihrer verzerrten Form, in der sie leider meist zu Tage tritt, ist ein Ausdruck von Ego-Mächtigkeit, verkörpert das Ich, das glaubt alles in der Welt so lenken zu können, wie es dem Ich passt. Heilen heißt hingegen: „Nicht Mein Wille geschehe, oh Göttlicher, sondern der Deine!". In einem Heilerteam zu arbeiten fördert daher das Gemeinsame. Im Dreieck entsteht ein gemeinsamer Rhythmus, was sich unter anderem in der Angleichung des Atems bemerkbar macht.

Das Prinzip der Drei in Astrologie und Alchemie

Eine interessante Analogie zu dieser Art des Heilens bietet auch die Astrologie: Jedes der Tierkreiszeichen gehört zu einem der vier Elemente. Krebs, Skorpion und Fische gehören beispielsweise dem Wasserelement an, Steinbock, Stier und Jungfrau zum Element Erde. Jedes Tierkreiszeichen eines Elements birgt in sich eine bestimmte energetische Charakteristik, die sie von den anderen zwei Zeichen des gleichen Elements unterscheidet. Diese drei Zustände werden als kardinal (bewirkend), fix (fest) oder labil (veränderlich, verwandelnd) bezeichnet. So ist innerhalb der drei Zeichen, die zum Wasserelement gehören, der Krebs ein kardinales, der Skorpion ein fixes und die Fische ein labiles Zeichen. Das Grundprinzip der Dreiheit oder Trinität findet sich auch in der Alchemie. Diese kennt drei Grundqualitäten oder Urenergien als Ursache aller Schöpfung und bezeich-

Die verschiedenen Zirkelarten

net sie als Sal(z) (das Feste) – Sulphur (das Feurige) – Mercurius (das Veränderliche)

Das Prinzip der Trinität wird in der Alchemie verkörpert durch die Grundprinzipien Sal=Körper als alter König, Sulfur=Seele als junger Prinzregent und Mercurius=Geist als Geist-Engel.

Die Beziehung von Sal-Sulphur-Mercurius zueinander in der Alchemie.

Die Inder wiederum bezeichneten diese drei grundlegenden Energiezustände als die drei „Gunas":

- Rajas (Tätigkeit, Beweglichkeit, das Abgebende, Erzeugen) –
- Tamas (Trägheit, Passivität, das Aufnehmende, Widerstand, Stabilität, Verdichten) –
- Sattva (Rhythmus, Schwingung, Harmonie, das Ausgleichende, Verteilen).

Die Dreiheit innerhalb der Heilerarbeit wird in gewissem Sinne auch durch diese drei Prinzipien verwirklicht:

- Der Patient vertritt das Prinzip des Tamas, das Aufnehmende.
- Der hinter ihm stehende Heiler vertritt das Prinzip des Rajas, also des Initiierenden, Abgebenden.
- Der vor dem Patienten sitzende Heiler steht für Sattva, das Ausgleichende.

Die verschiedenen Zirkelarten

Der stehende Heiler gibt die Impulse, er erzeugt die Energie, die mit der Energie des Patienten zusammentrifft. Der sitzende Heiler gleicht zwischen diesen beiden Polen aus.

Ich denke, dass die Auseinandersetzung mit dem Prinzip der Dreiheit uns etwas tiefer in den Wirkmechanismus des Heilens im Dreieck hineinführen kann. Deutlich wird darin auch, wie energetisch Zahlenkonstellationen und damit Gruppenkonstellationen wirken. Meine Beobachtung bei Gruppenarbeiten zeigt außerdem, dass ungerade Zahlen sehr viel energetischer wirken als gerade. Die Arbeit zu dritt, fünft oder siebt in einem Zirkel entfaltet also mehr Dynamik.

2. Die Zirkelgründung

2.1 Wie gründe ich einen Zirkel?

Für die Auswahl der passenden Zirkelmitglieder genügt es die Grundprinzipien der Zirkelarbeit, die in unseren Kursen ausführlich vermittelt werden, zu berücksichtigen. Doch für manche unserer Kursteilnehmer ist es oft nicht einfach, die richtigen Teilnehmer zu finden, eben gerade weil sie ein ganz klares Bild über die Anforderungen, die sie an potenzielle Zirkelmitglieder stellen, haben. In diesem Fall ist es hilfreich vor allem auf Eigenschaften wie „Offenheit" und im besten Sinne „Spielfreude" zu achten. Es ist naheliegend, erst einmal Personen zu fragen, die man schon kennt, zu denen man ein gutes Verhältnis hat. Es ist nicht wichtig, dass diese spirituell oder esoterisch vorgebildet sind. Sie müssen in erster Linie zuverlässig sein und Entdeckungsfreude, Offenheit und Toleranz mitbringen und vor allem zu einem in der Lage sein: miteinander zu harmonieren. Ebenfalls von Vorteil ist eine gute Erdung.

Wir selbst haben oftmals Leute für die Zirkelarbeit angesprochen, die wir noch kaum kannten. Gerade zu Beginn unserer eigenen Zirkelarbeit, als wir frisch aus England kamen, bestand keine Möglichkeit an erfahrene Gleichgesinnte zu kommen. Es war schwierig bis zu dem Zeitpunkt, als wir einfach darauf vertraut haben, die richtigen Mitglieder zu finden. Wir hatten denn auch eine kunterbunte Mischung in unserem ersten Zirkel beisammen: einen Computerfachmann, zwei Diakonissinnen, eine Dame, die sich als „Hexe" bezeichnete und eine Dame, die persönliche Probleme ohne Ende hatte. Eine solche Zusammensetzung mag auf den ersten Blick als ziemlich bizarr und problematisch erscheinen, aber im Gegenteil, es war ein wunderbarer Zirkel. So eigen jeder aus der Gruppe für sich allein war, besaßen sie doch alle ein gutes Maß an Toleranz, was letztendlich diese Gruppenarbeit über lange Zeit erfolgreich sein ließ.

Auf einem unserer Kurse klagte einmal eine Ärztin darüber, dass sie keine Zirkelmitglieder fände und auch nicht wüsste, wo sie suchen solle. Ich fragte sie dann, an welchem Ort sie selbst die meisten Menschen treffe. Sie antwortete: „In meiner Praxis, – aber ich kann doch nicht meine Patienten fragen?" Sie hat es dann doch getan und oh' Wunder, sie bekam weitaus mehr Leute, als sie jemals haben wollte. Neue Freundschaften wurden so geknüpft, sie lernte ihre Patienten von einer ganz anderen Seite kennen und diese wiederum sie auch. Manchmal braucht es den Sprung über den eigenen Schatten, um fruchtbares Neuland zu entdecken.

> Die Zirkelgründung

2.2 Motivation zur Zirkelarbeit

Bevor man einen festen, geschlossenen Zirkel gründet und sich in diese dauerhafte Arbeit eingibt, sollte man sich grundlegende Gedanken über die eigene Motivation machen. Dies lohnt sich schon deshalb, weil Zirkelarbeit viel Einsatz an Energie und langjährige Geduld benötigt. Die richtige Motivation unterstützt. Für die eigene, innere Klärung hat es sich als sehr hilfreich erwiesen, sich einmal 100 gute Gründe zu überlegen und niederzuschreiben, weshalb man im Zirkel sitzen möchte. Keine einfache Aufgabe, aber lohnenswert. Außerdem ist eine positive innere Einstellung wichtig, da in einem solchen Kreis viel Energie entstehen kann und diese Energie nicht zwischen Licht und Schatten unterscheidet. Sie wird also unsere dunklen Punkte genauso energetisieren wie unsere lichten. Folgende Fragen können hilfreich sein, um die eigene Motivation zu prüfen:

1. Ist die eigentliche Motivation meines spirituellen Strebens eventuell eine Flucht vor dem Leben, vor seinen Schwierigkeiten?
2. Strebe ich nach medialen Fähigkeiten, weil ich vielleicht etwas Besonderes sein möchte? Oder weil ich Kontrolle oder Macht ausüben möchte?
3. Was möchte ich mit jenen Kräften tun, die sich durch die Zirkelarbeit entfalten können?
4. Bin ich bereit, mich einer höheren Führung anzuvertrauen, auch wenn diese keine spektakulären Gaben wie Hellsehen oder Magie für mich vorgesehen hat? Bin ich bereit dem größeren Ganzen zu dienen?

2.3 Harmonie in der Gruppe

Ein harmonisches, sympathisches Gefühl der Teilnehmer untereinander ist absolut unerlässlich. Es ist wichtiger als Bildung, esoterisches Wissen oder der Grad spiritueller Entwicklung der einzelnen Teilnehmer. Die menschlichen Qualitäten haben absolute Priorität. Die Mitglieder eines Zirkels müssen sich verstehen, müssen eine harmonische Atmosphäre erzeugen können, denn nur so kann sich ein gemeinsames Kraftfeld aufbauen. Der Zirkel ist ein Freundeskreis. Jemand, der in einem solchen Kreis nicht harmoniert, kann jegliche Bemühung zunichte machen. Das bedeutet nun nicht, dass wir alle nur noch nett sind oder nur nach Menschen suchen, die uns ähnlich sind. Das ist weder möglich noch wünschenswert, denn jede Gruppe braucht ein Maß gesunder Spannung für ihre Entwicklung. Harmonie hat etwas mit „ausgeglichener Bewegung" zu tun. Fähigkeiten wie Akzeptanz, Achtung, Respekt, Verständnis und Toleranz sind wichtige Voraussetzungen für Freundschaft und außerdem für die Harmonie und Balance einer Gruppe unverzichtbar.

2.4 Einstellung der Teilnehmer

- Offenheit sollte jedes Zirkelmitglied mitbringen. Jemand kann skeptisch und kritisch sein, was kein Problem für diese Art Arbeit ist, wenn er dabei nur offen ist. Je mehr feste Glaubensburgen jemand gebaut hat, desto enger ist sein Weltbild, desto schwieriger ist die Zirkelarbeit. Zirkelarbeit hat mit innerer Freiheit und der Fähigkeit zu Toleranz zu tun.

- Humor haben wir als äußerst hilfreichen Faktor in unserer Arbeit kennen gelernt. Unter Humor ist jedoch nicht die heute oftmals sehr stark auf „Heiterkeit" reduzierte Bedeutung zu verstehen. Humor ist nicht leicht zu definieren, da seine ursprüngliche Bedeutung schon im Dunkeln liegt. Das Wort stammt ursprünglich aus dem Lateinischen und bedeutet „Flüssigkeit". Von daher scheint mir die Begrifflichkeit im medizinischen Sinne der Antike richtig, die in der Lehre von den 4 Temperamenten Humor als „Ausgewogenheit der Säfte" versteht. Sind die Säfte im Menschen ausgeglichen, dann ist er in sich stimmig. Aus dieser inneren Stimmigkeit heraus wird ihm die Welt ein Leichtes.

Die östliche Philosophie verlegt die Stimmigkeit in den Hara, den Körpertiefpunkt. Aus diesem heraus lachen die chinesischen Glücksgötter oder auch die Buddhas. Humor ist eine transzendierende, balancierende und erdende Kraft, denn wer über sich und die Welt herzlich lachen kann, der ist gelöst, befreit von der Schwere des Seins, die alles niederdrückt. Wer echten Humor besitzt, hat keine Probleme im Umgang mit anderen Menschen und kann deren Botschaften annehmen. Nur wer sich als wichtig empfindet, reagiert aus einem Defizit seines Selbstwertes oder seiner inneren Mächtigkeit heraus stets empfindlich. Humor zeigt die Fähigkeit an, Dinge transzendieren zu können; eine ausgesprochen förderliche Eigenschaft im Zirkel.

- Ernsthaftes Interesse ist ebenfalls wichtig. Unsere Übungen sind hauptsächlich spielerisch, aber eher spielerisch in Sinne, wie sie die großen Weltspiele I Ging oder die Runen sind. Es ist ein heiliger Ernst in dem Spiel. Der Zirkel ist beileibe kein Spielplatz oder Zeitvertreib für Unterhaltung oder Effekthascherei. Er ist aber auch kein Ort jenes schweren Ernstes, den manche suchen und in ihm erwarten. Der Zirkel ist kein Ort, der alles ausschließt, was sinnlich, leicht und farbig ist. Es ist jener falsch verstandene Ernst, jene Missdeutung von Achtung oder Würde dem Göttlichen gegenüber, der früher wie heute zu sektiererischen, engstirnigen Gebetsgemeinschaften führt, in denen eine unglückselige Schwere herrscht. Der wunderbare Roman „Der Name der Rose" beschreibt diesen falschen Ernst, der einen Abt dazu treibt, all jene zu vernichten, die mit einem antiken Buch, das vom

Humor handelt, in Berührung kamen. Schlussendlich brennt er in seinem Wahn sogar das ganze Kloster nieder.

Von seiner Wortbedeutung her, meint „Ernst" so viel wie „entschlossen, sicher, fest im Kampf", wobei es dabei um eine innere, energetisch gestraffte Haltung geht, die dem wahren Krieger zu Eigen ist. Japanische Schriften über das Kämpfen (Samurai) enthalten viele Hinweise auf eine solche ernsthafte Haltung, in der es gilt bei sich zu bleiben, nirgendwo anzuhaften, sondern sich stets im Fluss der Energien zu befinden. Das ist nur möglich, wenn man seine eigene Mitte, seinen Hara, gefunden hat.

Der Samuraikämpfer handelt aus seiner Mitte (dem Hara) heraus.

2.5 Anzahl der Mitglieder

Die Größe eines Zirkels hängt natürlich von den realen Möglichkeiten ab und natürlich auch von der persönlichen Einstellung dazu. Des Weiteren spielt die Höhe des Energiepegels eines jeden Teilnehmers eine Rolle. Ich habe schon Zirkel mit drei Mitgliedern getroffen, die so viel Energie hatten, wie manch anderer Zirkel mit sechs oder sieben Mitgliedern. Letztlich sind die eigenen Erfahrungen ausschlaggebend. Das Hineinspüren in die Energien spielt eine wichtige Rolle. Viele Menschen erzeugen viel Energie, das ist keine Frage, aber das kann auch zu Problemen führen, worauf Arnold hinweist:

Die Zirkelgründung

„Man behalte stets im Auge, dass die Harmonie des Zirkels, welche in erster Linie erforderlich ist zum Zwecke denkbar bester Ausnutzung des Zirkelfluids, um so leichter gestört und um so schwerer zu erhalten ist, je größer die Anzahl der Teilnehmer ist! Nirgends gilt das Sprichwort <Viele Köche verderben der Brei!> so sehr, als für die richtige Zahl der Zirkelmitglieder!"
Hans Arnold (Wie errichtet und leitet man Spiritistische Zirkel,
　E. Fiedler Verlag, Leipzig, 1892)

Das ist ein bedenkenswerter Aspekt, obgleich ich gut funktionierende Zirkel kenne, die mehr als 10 Mitglieder haben.

Ich möchte im Folgenden ein paar Zahlen im Hinblick auf die richtige Größe eines Zirkel nennen, basierend auf unserer eigenen Erfahrung und den Erkenntnissen, die man dazu in England gewonnen hat: Drei Personen sind das absolute Minimum, während 8-10 Personen das absolute Maximum darstellen. Der Kreis sollte nicht zu klein aber auch nicht zu groß sein, um eine effiziente Energiearbeit zu gewährleisten. Wir haben besonders gute Erfahrungen gemacht mit ungeraden Teilnehmerzahlen, also fünf oder sieben Mitglieder.
Eine Ausgewogenheit der Mitglieder, also eine gute Mischung zwischen Frauen und Männern, wäre wunderbar, ist aber leider nicht immer möglich. Außerdem ist es gut, Menschen von unterschiedlichem Temperament im Zirkel zu haben. Absolut begrüßenswert ist auch eine Mischung von älteren und jüngeren Menschen. Gelingt es diese Einflussfaktoren harmonisch zu kombinieren, dann geben diese ganz unterschiedliche Energien in den Zirkel ein, was dem Zirkel mehr Farben und Möglichkeiten gibt.

2.6. Sitzordnung
Früher wurde die Sitzordnung ganz nach dem Medium und Zirkelleiter ausgerichtet.

„Man muss die Zirkelmitglieder dann so zu beiden Seiten des Mediums gruppieren, dass alle negativen (elektrischen) und alle positiven (magnetischen) Personen auf je einer Seite des Mediums sitzen und zwar die negativen zur Rechten, die positiven zur Linken des Mediums. Negative, also elektrische Personen sind solche, welche von milder, liebreicher, sanftmütiger Gemütsart sind und sich nach außen gewöhnlich durch kalte Hände auszeichnen. Positive Elemente sind willens- und geistesstarke, aufbrausende, hitzköpfige, zanksüchtige, rechthaberische Personen usw., äußerlich erkenntlich gewöhnlich an den warmen Händen."
Hans Arnold (Wie errichtet und leitet man Spiritistische Zirkel,
　E. Fiedler Verlag, Leipzig, 1892)

Die Zirkelgründung

Man orientierte sich damals also ganz an der Lehre vom Magnetismus, wie ihn Mesmer oder Reichenbach gelehrt hatten. In England erfuhren wir darüber nichts, lediglich, dass man gerne Mann und Frau abwechselnd setzt.

Wir empfehlen stets mit der Sitzordnung zu experimentieren. „Wie fühlt sich jeder an seinem Platz, wie läuft die Energie im Zirkel?" sind solche Fragen, die helfen herauszuspüren, ob die Anordnung günstig ist.

3. Zeitliche und räumliche Bedingungen

„ …, dass die Regelmäßigkeit der Sitzungen (nach Zeit und Ort) von Wichtigkeit für gutes und beschleunigtes Gelingen der Phänomene ist. Es ist hiermit gerade so wie mit dem guten Einfluss, den die Regelmäßigkeit in der Diät und Lebensweise auf das Wohlbefinden des Menschen auslöst."

„Hält man die Sitzungen regelmäßig um dieselbe Zeit ab, so wird der Körper zu der betreffenden Stunde von selbst in die günstige Disposition zur Fluidausstrahlung gelangen und hierzu wird der in gleicher Art wiederkehrende Einfluss derselben örtlichen Umgebung auch sein Teil beitragen."
Hans Arnold (Wie errichtet und leitet man Spiritistische Zirkel, E. Fiedler Verlag, Leipzig, 1892)

Der Zirkel findet stets im gleichen Raum und zur gleichen Zeit (gleicher Tag, gleiche Uhrzeit) statt. Von Vorteil ist es, den Zirkel einmal pro Woche abzuhalten und dies am besten zur Abendzeit, da wir körperlich dann in einem entspannteren Zustand sind.

Der Raum sollte eine Temperatur haben, die für alle angenehm ist. Es sollte darin nicht zu warm und nicht zu kalt sein. Förderlich sei eher eine kühle Raumtemperatur, so die Erfahrung in England. Sicherlich werden alle Zirkelteilnehmer erleben, dass es einen Unterschied gibt zwischen Sitzungen zur Winterzeit, wenn es doch um einiges dunkler ist, als zur Sommerzeit. Wir erleben in unserem Zirkel mehr Tiefe der Sitzungen in der Winterhälfte.

Der Raum selbst bedarf nicht unbedingt irgendwelcher spiritueller Symbole. Wichtig ist nur, dass sich alle Teilnehmer darin wohl fühlen. Wunderbar ist es natürlich, wenn man einen Raum hat, der nur für die Zirkelarbeit genutzt wird. Ungünstig sind sicherlich Durchgangszimmer oder Zimmer, die stets von der ganzen Familie benutzt werden. Aber auch da gilt es, Prioritäten zu setzen. Der innere Fokus, die Motivation hat viel mehr Gewicht als die Art des Raumes. Wir sollten uns stets vergegenwärtigen, dass jeder Ort, an dem wir stehen, für uns zu einer Kathedrale werden kann.

4. Regeln für den Ablauf

1. Pünktlichkeit
Jeder Teilnehmer ist einige Zeit vor Zirkelbeginn (mindestens 15 Minuten) am Zirkelort anwesend, um wirklich anzukommen. Der Zirkel beginnt pünktlich und nach Eröffnung des Zirkels kann jemand, der zu spät kommt, nicht mehr teilnehmen. Wir haben zum Beispiel niemanden im Haus, der die Haustür öffnen könnte, wenn wir zirkeln. Die verspätete Person müsste also draußen vor der Tür bis zum Ende des Zirkels warten. Das ist auch eiserne Regel in England. Denkt immer daran: Wir haben eine Verabredung mit der geistigen Welt oder Gott; was könnte es Wichtigeres geben? Und wie pflegte Margaret Pearson mit ihrem englischen Humor hinzuzufügen: Zu deiner eigenen Beerdigung kannst du auch nicht zu spät kommen!

2. Essen und Trinken nicht im Zirkel
Vor dem Zirkel bitte keine schweren Mahlzeiten einnehmen. Auch während des Zirkels wird nichts eingenommen, auch kein Wasser. Diese Stunde der Zirkelarbeit gilt einzig dem Spirituellen. Ausnahme ist, wenn jemand einen starken Hustenreiz hat. Dann sollte der Betroffene ein Glas Wasser für sich bereithalten.

3. Ehrfurcht
gegenüber der Zirkelarbeit
Der Zirkel ist in England eine wirklich wichtige Verabredung mit festlichem Charakter, vergleichbar dem Kirchgang am Sonntag in alter Zeit. Dementsprechend präpariert man sich und kleidet sich „festlich", was uns zu Beginn selbst noch ziemlich ungewöhnlich schien. Aber die Kleidung soll einfach ein Signal für uns und die geistige Welt geben, um zu verdeutlichen, dass es hier nicht um Alltagsgeschäfte geht, sondern jeder einzelne diesen Zeitpunkt der Begegnung mit der geistigen Welt aufs Höchste wertschätzt. Es geht also um das Ehren und Würdigen. Indem wir der geistigen Welt die Ehre erweisen, erweisen wir auch uns selbst die Ehre, denn ein Teil von uns gehört ihr ebenfalls an.

4. Keine unnötigen Stimulanzien
Ein harmonisches Gefühl unter den Teilnehmern ist überaus wichtig. Daher bitte keine starken Parfums verwenden, die andere irritieren könnten. Auch Räucherstäbchen empfehlen sich nicht, da jeder einen anderen Geschmack hat. Man sollte im festen Zirkel alles weglassen, was vom Fokus der eigentlichen Arbeit ablenkt oder zu Irritationen führt.

5. Sitzordnung passend zur Gruppenenergie wählen

Die Sitzordnung lässt sich am besten während der ersten Sitzungen erspüren. Wie fühlt sich die Energie im Kreis an? Man kann auch ein Aurabild der Gruppe malen und deuten. Irgendwann hat dann jeder seinen optimalen Platz im Kreis gefunden, so dass eine gute Gruppenenergie vorhanden ist. Grundsätzlich versucht man immer einen Wechsel der Polaritäten zu erreichen. Also sollten, so weit möglich, immer eine männliche und eine weibliche Energie sich abwechseln in der Anordnung. Die gefundene Sitzordnung sollte über sehr lange Zeit beibehalten werden, solange es keine zwingenden Gründe gibt sie zu ändern. Zwingende Gründe können sein, dass sich jemand an seinem Platz plötzlich unwohl fühlt oder dass ein Mitglied ausscheidet, was eine Neuordnung mit sich bringt.

6. Dauer des Zirkels

Für die Anfänger in der Zirkelarbeit wird die Zeitdauer eines Zirkels am besten vom Leiter vorgegeben. Es macht vom energetischen Blickwinkel aus weder Sinn, zu kurze Zeit zu sitzen, jedoch auch nicht länger als eine Stunde. Eine Stunde erscheint uns optimal. Nach einiger Zeit der Übung finden die Zirkelmitglieder selbst heraus, wie lange ihr Energiepegel für die jeweilige Sitzung reicht. Die Höhe der Energie zur jeweiligen Sitzung bestimmt dann die Dauer.

7. Keine Störungen

Während der Dauer des Zirkels darf es keine Störung geben. Ruhe und Ungestörtheit haben oberste Priorität. Weder sollte das Telefon läuten noch Kinder lärmend ins Zimmer oder durchs Haus stürmen. Der Gang zur Toilette ist während des Zirkels nur im Notfall gestattet. Das bedeutet: Bitte keinen Liter Tee vor dem Zirkel trinken!

8. Keine Tiere

Tiere sind in England im Zirkel nicht zugelassen, es sei denn, es ist während der Arbeit eines Heilerzirkels für Tiere. Da können natürlich kranke Tiere behandelt werden. Wir selbst haben die Erfahrung gemacht, dass Tiere sehr stark auf die Energien im Zirkel reagieren und man wird kaum ein Tier finden, das da immer ganz ruhig bleibt.

9. Zirkelarbeit ist nichts für Kinder und Jugendliche

Kinder sind in England zum Zirkel generell nicht zugelassen, Jugendliche nur im Ausnahmefall. Kinder brauchen viele, viele Jahre, um sich ganz in dieses Erdenleben zu inkarnieren, ihre physische Existenz hier zu verankern. Dann erst ist eine Erdung und Mitte erreicht, in der man sich dann jenen exkarnierenden, geistigen Energien wieder widmen kann, die wir vor diesem Leben kannten und denen wir im späteren Leben wieder entgegenstreben. Zu viele feinstoffliche Schwingungen

Regeln für den Ablauf

und Kontakte mit anderen Welten können Kinder auf ihrem Weg in dieses Leben irritieren, weil sie das Erlebte nicht einordnen können. Dazu kommt, dass pubertierende Jugendliche oft über enorme psychische Kräfte verfügen, die man nicht noch zusätzlich anheizen sollte. Ausnahme kann sein, dass man neugierige Kinder, die unbedingt wissen wollen, was ihre Eltern da so treiben, einmal in den Zirkel holt, um ihre Neugier zu stillen. Meist erleben sie die Arbeit als „so langweilig", dass sie kein besonderes Interesse mehr an den Tag legen.

10. Nur mit psychisch stabilen Menschen

Ebenfalls nicht zum Zirkel zulassen sollte man Menschen, die nicht in ihrer Mitte sind. Also Menschen, die zur Zeit wegen schwerer Probleme zum Beispiel in einer psychotherapeutischen Behandlung sind, Menschen, die starke Ängste haben oder über den Tod eines Angehörigen nicht hinwegkommen. Ihr Fokus liegt zumeist gänzlich auf ihren Problemen und es ist nicht der Sinn der Zirkelarbeit, sich mit diesen Problemen zu befassen. Zirkelarbeit ist zudem hochenergetisch, weshalb eine innere Balance unumgänglich ist, um psychische Symptome nicht noch zu verschlimmern. Zunächst ist Zirkelarbeit reine Energiearbeit und hat mit der geistigen Ebene noch nicht viel zu tun. Um diese zu erreichen braucht es eine Zeit der Entwicklung. Energie aber fördert und unterstützt alles, die lichten wie die dunklen Anteile in uns. Daher ist es wichtig, dass wir mit uns selbst im Lot und in unserer „Mächtigkeit" sind.

11. Autorität des Zirkelleiters anerkennen

Jeder Zirkel hat einen Leiter, dessen Anweisungen unbedingt zu befolgen sind. Zu Beginn wird natürlich jemand den Zirkel leiten, der bei uns die Kurse besucht hat. Diese Leitung sollte er mindestens 6 Monate ausüben, bis der Zirkel gut funktioniert.

12. Harmonie hat oberste Priorität

Harmonie ist ein ganz wichtiger Faktor für die Arbeit. Gibt es Konflikte zwischen zwei Mitgliedern oder im Zirkel überhaupt, gilt es diese zu klären. Dies geschieht aber nach dem Zirkel. Während des Zirkels gibt es keine Diskussionen oder Debatten. Disharmonie sabotiert jeglichen Erfolg, denn Zirkelarbeit basiert auf „Synthese der Kräfte". Notfalls muss man sich von einem Zirkelmitglied auch trennen, wenn der ganze Zirkel darunter leidet. Kommt man selbst mit einem Zirkel nicht mehr klar, was immer sein kann, wenn man über längere Zeit hinweg zusammenarbeitet, dann ist es besser, man gründet einen neuen, eigenen Zirkel.

13. Schweigepflicht ist selbstverständlich

Selbstverständlich unterliegt alles, was im Zirkel geschieht, der Schweigepflicht. Tratsch ist unter allen Umständen zu vermeiden. Die ethischen Regeln, wie sie in unserem Ehrenkodex, erhältlich beim Dachverband für Geistiges Heilen (DGH e.V.), niedergelegt sind, werden beachtet.

14. Positive Grundeinstellung – kein Leistungszwang!

Die Einstellung der Mitglieder zur Zirkelarbeit sollte freudig, aufrichtig und ernsthaft sein. Humor und Erdung sind wichtige, tragende Säulen. Es ist gut keine Erwartungshaltung hinsichtlich der Entwicklung bestimmter Fähigkeiten zu hegen. Die geistige Welt entscheidet selbst, welchen Dienst jemand an der Welt zu leisten vermag und welche Fähigkeiten er dafür braucht. Weiterhin sollte die Grundeinstellung eines jeden sein anderen im Kreis zu helfen, sie zu bestärken und positiv zu fördern.

5. Aufgabenverteilung im Zirkel

Es gibt einen von allen Mitgliedern bestimmten Zirkelleiter, der über einen längeren Zeitraum (Minimum 6 Monate) den Zirkel leitet. Dieser sollte unbedingt die Kurse besucht haben, um wirklich selbst gelernt und erfahren zu haben, worauf es in der Zirkelarbeit ankommt. Seine Erdung sollte ebenso gut sein wie sein gesunder Menschenverstand. Treten im Zirkel unerwünschte Aktionen, Exzentrik oder seltsame Verhaltensweisen auf, die nicht mit den spirituellen und ethischen Prinzipien im Einklang stehen, sollte er darauf hinweisen und solches auch unterbinden. Zum Wohle des ganzen Zirkels und im Einklang mit der Mehrheit kann er im Notfall auf Ausschluss einer Person drängen. Ein Zirkelleiter trägt also viel Verantwortung.

Die Zirkelleitung kann später auch in andere, inzwischen ebenfalls erfahrene Hände übergehen, so dass jeder einmal diese Position innehat. Den Anweisungen des Zirkelleiters ist Folge zu leisten. Er hat die gar nicht leichte Aufgabe, die Energie und das Ziel der ganzen Gruppe im Auge zu behalten und gleichzeitig auch selbst an den Übungen teilzunehmen.

Jede Zirkelsitzung wird durch ein Gebet geöffnet und abgeschlossen. Meist findet sich auf freiwilliger Basis jemand, der eröffnet und jemand anderer, der schließt. Der Zirkelleiter achtet darauf, dass jeder ausgewogen diese Aufgaben übernimmt. Er kann dies auch notfalls bestimmen. Der Zirkelleiter wacht darüber, dass alle in die Stille gehen, aber auch wieder ins Wachbewusstsein zurückkehren.

Grundsätzlich ist es von Vorteil, wenn die Zirkelmitglieder zu Hause eine tägliche Meditation pflegen, die den spirituellen Rhythmus aufrechterhält und dazu beiträgt die Energie des Zirkels zusätzlich anzuheben. Tägliche Meditation trägt auch dazu bei, spirituelle Erkenntnisse und Erfahrungen aus dem Zirkel auf den Alltag zu übertragen. Was nützt es eine Stunde pro Woche spirituell zu sein und zu Hause dann nur im gewohnten Alltagsbewusstsein zu agieren.

6. Der praktische Ablauf des Zirkel

Der konkrete Ablauf ist recht einfach:

- Eröffnungsgebet
- Einstimmung in der Stille (ca. 10 Minuten)

Entspannende Hintergrundmusik kann hilfreich sein, die Energien zu beruhigen und zu harmonisieren. Es findet ein Einschwingen auf die Gruppe und die geistige Welt statt. Entsteht durch die Eingangsmeditation nicht genügend Energie, so kann man die Energie beispielsweise durch Singen anregen, bevor man in die Stille geht. Auch ein Halten der Hände, um sich gegenseitig besser miteinander zu verbinden, kann hilfreich sein.

- Kurze Mitteilung eventueller Wahrnehmungen. Es können Gefühle oder Symbole auftauchen, die jemand wichtig findet und deshalb den anderen mitteilen möchte. Das macht jedoch nur Sinn, wenn man auch die Bedeutung der Wahrnehmung und Botschaft mitteilen kann. Keine reinen Bildbeschreibungen!
- Übungszeit. Je nach Art des Zirkels, der Zeit und der Energie, werden unterschiedliche Übungen vorgenommen. Das Feedbacksystem, wie in unseren Kursen gelehrt, ist die Grundlage dafür.
- Nach den Übungen, gegen Ende der Zirkelzeit, kann noch Heilenergie an kranke Personen, die Krisenherde der Welt etc. ausgesandt werden. Dies bildet den Abschluss der spirituellen Arbeit.
- Abschlussgebet
- Eventuell ein kleiner Vortrag über ein spirituelles Thema zum Ausklang

Die Übungen während eines Zirkels können vom Zirkelleiter oder von allen gemeinsam festgelegt werden. Der Zirkelleiter achtet auf die Zeit und auch darauf, dass ein energetisches Gleichgewicht herrscht. Manche Teilnehmer brauchen mehr Zeit für eine Übung als andere. Manche tun sich leicht im Reden, ja können manchmal gar kein Ende finden, während andere viel Zeit brauchen, ihre Wahrnehmungen zu artikulieren. Der Zirkelleiter wird gerade zu Anfang des Zirkels hier eine Balance herstellen müssen. Während des ganzen Zirkelablaufes steht nur die Spiritualität im Mittelpunkt, nicht der Verstand und nicht das Ego. Das bedeutet, es wird nicht diskutiert im Zirkel, es werden keine Standpunkte erörtert oder persönliche Probleme gewälzt. Hat ein Zirkel über längere Zeit viel Erfahrung gesammelt, dann kann ein Mitglied auch einmal eine wichtige persönliche Frage als Übung in den Zirkel mit einbringen. Das ist möglich. Aber grundsätzlich ist der Zirkel kein Gesprächs-, Problemlösungs- , Therapie- oder Debattierkreis. Der Zirkel ist nur für die spirituelle Arbeit da. Es sollte mit der Zeit das Vertrauen wachsen, dass die geistige Welt schon mithilft, wenn jemand aus dem Kreis private Probleme hat.

> **Der praktische Ablauf des Zirkels**

In England wird darauf Wert gelegt, dass vor und nach dem Zirkel nicht direkt zu Alltagsgesprächen oder gar Tratsch übergegangen wird. Die Gespräche sollten sich um geistige Dinge drehen, um sich in dieser Phase ein- bzw. auszuschwingen. Als Ausklang hat sich das Halten von kleinen Vorträgen bewährt, die ein spirituelles Thema zum Inhalt haben. Jedes Mitglied sollte einmal einen solchen Vortrag halten. Im Anschluss daran kann man über dieses Thema gemeinsam sprechen.

7. Werkzeuge des Zirkel

7. 1 Arbeitsmaterialien

Grundsätzlich können im Zirkel alle Übungen und Materialien benutzt werden, die wir auch in unseren Kursen verwenden. Es empfiehlt sich also das „Handwerkszeug" wie Farben, Bänder, Papier und Schreibzeug, Inspirationskarten etc. stets für die Arbeit bereitzuhalten. Derjenige im Zirkel, der eine Übung für die Sitzung vorbereitet, sollte auch dafür Sorge tragen, dass alles griffbereit ist, so dass es während des Zirkels nicht zu größeren „Aktionen" kommt, die den Energiefluss unterbrechen.

7. 2 Zirkel-Tagebuch

Es ist günstig, ein Tagebuch zu führen, in dem Erkenntnisse, wichtige Wahrnehmungen, Inspirationen etc. festgehalten werden. Wir hatten dies lange Jahre nicht praktiziert und uns später geärgert, dass wir tolle Eingebungen und Inspirationen hatten, die später einfach vergessen waren. Manchmal sieht jemand ja auch etwas für die Zukunft, was sich dann viel leichter mithilfe des Bucheintrags nachprüfen lässt.

7. 3 Besondere Anlässe

Das Tagebuch kann auch für besondere Anlässe im Zirkeljahr wichtig sein, um alles festzuhalten. Hat ein Zirkelmitglied Geburtstag, so schwingen wir uns in unserem Zirkel auf diese Person ein, und schauen, was das neue Jahr für diesen Menschen bringen wird, welche Entfaltungsmöglichkeiten das Jahr bietet. Ein weiterer besonderer Anlass ist die Jahreswende. Zu Neujahr schauen wir im Zirkel, was das neue Jahr für uns als Gruppe oder auch für die Welt bereithält. Im Laufe des Jahres lässt sich dann überprüfen, welche unserer Wahrnehmungen Sinn machen.

7. 4 Feedback-Bögen in der Zirkelarbeit

7.4.1. Feedback-Bogen für sensitive Übungen

„Auf was kommt es in der Zirkelarbeit an?", ist eine oft gestellte Frage in den Kursen. Schnell sind die Punkte für eine Antwort aufgezählt. Aber hält man sich beim Üben auch wirklich daran? Hilfreich ist hier ein Feedback-Bogen, der an alle Zirkelmitglieder verteilt wird, so dass jeder sein Augenmerk auf das Essenzielle richtet. Der Feedback-Fragebogen eignet sich vor allem für Übungen, in denen Botschaften oder Informationen an eine andere Person weitergegeben werden. Dies sind natürlich vor allem die Übungen zu zweit. Folgende Fragen könnte ein solcher Fragebogen enthalten:

Was wurde wahrgenommen? Fakten der Botschaft? ....
Wie viel Positivität enthielt die Botschaft? ....%
War sie auf das Potenzial gerichtet? ....
Wie sehr trafen die Fakten und Informationen für den Klienten zu? ....%
Wie hilfreich war die Botschaft? ....%
Wurde die Ethik in der Sitzung beachtet? ....

7.4.2. Feedback-Bogen für Fernheilung

Für die Fernheilung kann man einen Fragebogen anlegen, mithilfe dessen man Wahrnehmungen und tatsächliches Befinden abgleichen kann. Zunächst hat man ja oft nur einen Brief mit Namen und Foto einer erkrankten Person. Später lassen sich schriftlich oder mündlich weitere Informationen einholen.

Im Folgenden der Auszug aus einem Beispielbogen. Ein Mann bat uns um Hilfe für seine erkrankte Mutter und er sandte uns den Feedback-Bogen ausgefüllt zurück.

Name des Patienten, Wohn- oder Aufenthaltsort

Wahrnehmungen des Zirkels	Feedback (Patient, Angehörige)
Von der Grundeinstellung her: Lebensfreude	Ist richtig, im Moment aber pessimistisch
Gefühl der Trauer	Richtig
Rheumatische Symptome	Ja, auch Gicht
Verlust (Bild eines Mannes taucht auf)	In der Tat hat sie vor etwa 5 Monaten ihren Mann verloren.
Kleiner Hund (kommt mit Mann herein)	Ja, hielten stets Rauhhaardackel, da der Mann passionierter Jäger war
Schmerzen bei Bewegung	Kunstfehler bei einer OP, Schmerzen in den Beinen, Füßen. Einnahme von Opiaten

In der Folge kann der Zirkel sich dann weitere Bögen anlegen, die Veränderungen des Patienten festhalten, die sich mit den Wahrnehmungen im Zirkel vergleichen lassen. Damit wird auch ein Feedback für den Zirkel möglich.

Werkzeuge des Zirkels

Name des Patienten, Wohn- oder Aufenthaltsort

Was hat sich körperlich verändert?
Was hat sich emotional verändert, was von der (Lebens-)Einstellung her?
Hat sich im Umfeld etwas verändert, also Angehörige, Pfleger, Haustiere etc.?
Konnten Sie energetisch, spirituell etwas wahrnehmen?

Bibliografie

Spiritualismus, Zirkel
W.H. Evans, Constructive Spiritualism, The Two Worlds Publishing, Manchester, 1917
Coral Polge/Kay Hunter, The Living Image, Regency Press, London, 1984
H. Macgregor und M.v. Underhill, The Psychic Faculties and their Developement, L.S.A. Publications, London, 1934
Stanley de Brath, Psychic Philosophy, SNU, Huddersfield, 1921
Ivy Northage, Mediumship made simple, Psychic Press, London, 1986
Werner Keller, Was gestern noch als Wunder galt, Droemer Knaur Verlag, Zürich 1973
Hans Arnold, Wie errichtet und leitet man spiritistische Zirkel, E. Fiedler Verlag, Leipzig, 1892
Rosina Sonnenschmidt, Das große Praxisbuch der englischen Psychometrie, Ehlers Verlag, Wolfratshausen, 1998
Harald Knauss, Mit geschulter Sensitivität mehr Erfolg in Alltag und Beruf, Ehlers Verlag, 2002
Harald Knauss, Geistiges Heilen, Verlag Homöopathie und Symbol, Berlin, 2004
Harald Knauss, Schule der Hellsinne Bd.1, Ehlers Verlag, Wolfratshausen, 2005

Philosophie, Zeit und Raum
William Bryant, Der verborgene Puls der Zeit, Verlag Die Pforte, Dornach, 1997
Norbert J. Schneider, Die Kunst des Teilens, Piper Verlag, München, 1991
Marie Louise von Franz, Zeit, Kösel Verlag, München, 1992
Otto J. Hartmann, Erde und Kosmos, V. Klostermann Verlag, Frankfurt, 1940
Ingrid Riedel, Formen, Kreuz Verlag, Stuttgart, 1985
Helmut Gebelein, Alchemie, Diederichs Verlag, München, 2004
Sergius Golowin, Die weisen Frauen, Sphinx Verlag, Basel, 1982

Gruppenarbeit
Alice Bailey, Telepathie und der Ätherkörper, Lucis Verlag, Genf, 1971
Alice Bailey, Jüngerschaft im Neuen Zeitalter, Lucis Verlag, Genf 1974

Esoterisches Menschenbild
Anni Besant, Der Mensch und seine Körper, M. Altmann Verlag, Leipzig 1906
Charles W. Leadbeater, Der sichtbare und der unsichtbare Mensch, Bauer Verlag, Freiburg, 1964
Rudolf Steiner, Theosophie, R. Steiner Verlag, Dornach, 1962

Bildnachweis

Seite 24 + 25: „Sprechender Tisch, Zirkel, Eusapia Paladino", entommen aus dem Buch „Was gestern noch als Wunder galt" von Werner Keller, Droemer Knaur Verlag, Zürich 1973.

Seite 47 oben: „Maskenspiel", Radierung von Titus Lerner, Galerie Jean-Marc Laik, Koblenz, www.laik.de

Seite 63 unten: „Harmonie der Blüten", aus „Der Goldene Schnitt" von Günther Kaphammel, mit freundlicher Genehmigung von Galerie Thomas Kaphammel, Ziegenmarkt 4, 38100 Braunschweig, www.kaphammel.de.

Seite 66: „Fließform eines Tropfens" aus dem Buch „Die Welt im Tropfen", S. 6, mit freundlicher Genehmigung des GutesBuch Verlag, Stuttgart: www.weltimtropfen.de

Seite 70: „Hexen im Zauberkreis", entnommen aus dem Buch „Die weisen Frauen" von Sergius Golowin, Sphinx Verlag, Basel, 1982.

Seite 99 oben: Klatschende und tanzende schwarzen Frauen, „The Rhythm", Bilder von Paul T. Goodnight.

Seite 111, 113, 115: Der geometrische Raum, Der Dynamische Raum, Der Überraum, entnommen aus dem Buch „Erde und Kosmos" von Otto J. Hartmann, V. Klostermann Verlag, Frankfurt, 1950.

Seite 131 unten: „Maske, die fällt", Bild von Willibald (Willi) Christopher Storn, Galerie Jan Graff, Oslo.

Seite 135: „Zirkel-Mandala", Foto von Inge Oster.

Seite 148 rechts: Sal-Sulphur-Mercurius, entnommen aus dem Buch „Erde und Kosmos" von Otto J. Hartmann, V. Klostermann Verlag, Frankfurt, 1950.

Bücher von Harald Knauss und Rosina Sonnenschmidt

Schule der Hellsinne
Band 1 Theoretische und geistige Grundlagen der Sensitivität und Medialität

Sensitivität ist eine Gabe, die dem Menschen von der Natur in die Wiege gelegt wurde. Sie bedarf jedoch der richtigen Schulung, um das individuelle Potenzial optimal zu entfalten. Rosina Sonnenschmidt und Harald Knauss haben – auf Basis der Englischen Medial- und Heilerschulung – ein effizientes Schulungskonzept entwickelt, das den Ansprüchen unserer modernen Lebensweise gerecht wird, ohne dabei die Einbettung in ein spirituelles Welt- und Menschenbild aufzugeben.

Das mehrteilige Lehrwerk „Schule der Hellsinne" bildet die theoretische und geistige Grundlage der Schulung zum Sensitiven Lebens-Energie-Berater (LEB®/S) nach Knauss/Sonnenschmidt. Im ersten Band geht Harald Knauss den Fragen nach: Was ist Sensitivität, was ist geistiges Heilen, wie kann man diese Fähigkeiten schulen, welchen Nutzen hat sie für den Einzelnen und seine Mitwelt? Was ist Wahrnehmung, wie verschafft sich der Mensch mithilfe seiner äußeren und seiner inneren Sinne Zugang zur Welt? Aus 'welchem Stoff' ist die Aura gemacht, worin unterscheiden sich die verschiedenen Energiekörper, welche Rolle kommt den Chakren zu?

Auf diese Fragen gibt Harald Knauss einleuchtende Antworten, die seine tiefe Auseinandersetzung mit den spirituellen Weisheitslehren erkennen lassen.

Best.-Nr.: 730, gebunden, Preis 39,80 € + P+V 3,30 € (Ausland 4,30 €)

Erfolgreicher in Beruf und Alltag durch geschulte Sensitivität

Mit geschulter Sensitivität können Sie Ihre Kommunikationsfähigkeit so entwickeln, dass Sie auch die Botschaften zwischen den Zeilen von Geschäftsbriefen, Konzepten und Werbematerialien lesen können und damit zielsicher die verborgenen Entwicklungschancen von Projekten und Geschäftsbeziehungen erkennen können. Lernen Sie inspiriert, das heißt frei zu sprechen, und erfahren Sie, wie Sie mit Ihrer entwickelten Sensitivität Schwierigkeiten im Umgang mit anderen Menschen ganz anders meistern können als bisher.

Entwickeln Sie Ihre eigene innere Heilkraft, um sie für Ihre Familie zu nutzen, Ihren Haustieren zu helfen, Ihren Garten lebendig zu gestalten und üben Sie Ihre Sensitivität darin, verlorengegangene Gegenstände wieder aufzuspüren. Bereichern Sie Ihren Alltag durch die Schulung all Ihrer Sinne und Gaben. Nutzen Sie die praktischen Anregungen und Übungsvorschläge aus Harald Knauss' Praxisbuch.

Best.-Nr.: 739 , Spiralbindung, Preis 16,80 € + P+V 2,20 € (Ausland 3,80 €)

Bücher aus dem ehlers verlag

Die Urkraft der Bäume
mit Runen entschlüsselt

Tauchen Sie ein in die faszinierende Welt der Germanischen Natur- und Energielehre. Harald Knauss hat mit Hilfe der Runen die Energetik von 24 einheimischen Bäumen entschlüsselt. Dabei konnte er die spezifischen Wirkkräfte der Baumenergien dem germanischen Jahreszyklus zuordnen.

Die germanische Kultur, die bis in die heutige Generation hineinwirkt, kannte etliche Feste und Rituale, die eng mit dem Jahreszeitenlauf und der Veränderung der Vegetation zusammenhängen. Harald Knauss ist es gelungen, die verschütteten Quellen der Weisheit unserer Vorfahren zu finden und das Natur- und Energieverständnis der germanischen Kultur unserem heutigen Verständnis zugänglich zu machen.

Ausführlich erläutert er die 24 Bäume des germanischen Baumkreises, schildert den mythologisch-geschichtlichen Hintergrund und erklärt dabei die spezifische geistig-schöpferische Kraft, die jedem Baum innewohnt. Dabei gibt er Hinweise, welche Baumenergie für den einzelnen Menschen in seiner persönlichen Entwicklung dienlich sein kann, denn die Energien der germanischen Baumkräfte gibt es auch als energetische Essenzen zum Einnehmen.

Best.-Nr.: 732 / Preis 29,80 € +P+V 3,30 €, (Ausland 5,30 €)

„Sensitivität und Medialität"
raum&zeit special 9

Seit mehr als 150 Jahren werden in England professionell sensitive und mediale Fähigkeiten des Menschen geschult. Die Englische Psychometrie (mit der Seele messen) driftet dabei nicht in esoterisch abgehobene Sphären ab, sie fordert realistische und vor allem überprüfbare Aussagen. Geistiges Heilen ist hier integrierter Bestandteil einer soliden Sensitivitäts- und Medialschulung. Geistheilung (spiritual healing) kommt dabei ohne spektakuläre Praktiken, die oftmals nur den Kranken beeindrucken wollen, aus.

Es ist das medizinhistorische Verdienst von Rosina Sonnenschmidt und Harald Knauss die englischen Standards für kontinental-europäische Bedürfnisse transformiert und in Deutschland eingeführt zu haben. Im raum&zeit special 9 finden Sie eine Fülle von Publikationen, die den Einsatz sensitiver und medialer Fähigkeiten vor allem in der Heilkunst zeigen. Die umwälzenden, neuen Erkenntnisse des Heiler- und Autorenpaares sind für ein neues ganzheitliches Verständnis in der Medizin Weg weisend.

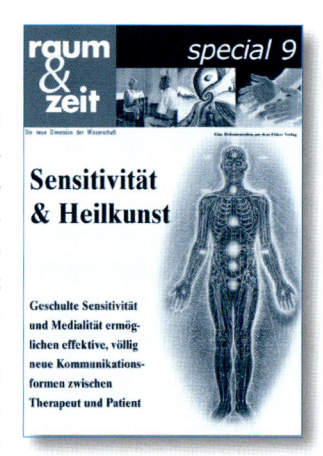

Best.-Nr.: 9 / Preis 34,80 € +P+V 3,80 € (europ. Ausland 9,50 €)

Alle Bücher können beim
ehlers verlag gmbh, Geltinger Str. 14 e, 82515 Wolfratshausen,
Tel.: 08171/4184-60, Fax. 08171/4184-66, vertrieb@ehlersverlag.de,
www.raum-und-zeit.com, bestellt werden.